基于游戏化的
幼儿园体育课程研究

殷馥薇　著

全国百佳图书出版单位
吉林出版集团股份有限公司

图书在版编目（CIP）数据

基于游戏化的幼儿园体育课程研究 / 殷馥薇著. --
长春：吉林出版集团股份有限公司，2022.8（2023.9重印）
ISBN 978-7-5731-2110-3

Ⅰ．①基… Ⅱ．①殷… Ⅲ．①体育课－教学研究－学
前教育 Ⅳ．① G613.7

中国版本图书馆 CIP 数据核字（2022）第 162919 号

JIYU YOUXIHUA DE YOU'ERYUAN TIYU KECHENG YANJIU

基于游戏化的幼儿园体育课程研究

著：殷馥薇
责任编辑：沈丽娟
封面设计：乔　娜
开　　本：787mm×1092mm　1/16
字　　数：236 千字
印　　张：12.75
版　　次：2022 年 8 月第 1 版
印　　次：2023 年 9 月第 2 次印刷

出　　版：吉林出版集团股份有限公司
发　　行：吉林出版集团外语教育有限公司
地　　址：长春市福祉大路 5788 号龙腾国际大厦 B 座 7 层
电　　话：总编办：0431--81629929
印　　刷：涿州汇美亿浓印刷有限公司

ISBN 978-7-5731-2110-3　　定价：76.00 元

前　言

　　教育是国家发展之大计，幼儿教育是终生教育的起点和基础。党的十八大提出"办好学前教育"，十九大要求"在幼有所育上取得新进展"，在相关政策的引导之下，幼儿教育也越来越受到社会各界广泛关注。幼儿园体育教育作为幼儿教育的一部分，有着发展幼儿体力，保持幼儿身心健康，培养幼儿协作精神等作用，因此也越来越受到人们重视。

　　游戏是"儿童的天性"，也是学前教育时期促进幼儿发展的重要方式。在游戏中，幼儿的体力、智力、社会认知与情感表达等能力都能得到良好的锻炼，这与幼儿园体育教育的目标不谋而合。且考虑到幼儿的组织性与纪律性相对较差，但对游戏的接受度普遍较高，因此以游戏化的方式开展幼儿园体育教育，更有可能取得较为显著的效果，对幼儿的发展也更有积极意义。鉴于此，作者在大量阅读前人研究成果的基础上撰写了《基于游戏化的幼儿园体育课程研究》一书。

　　本书共有六章内容。第一章对幼儿教育、人类动作发展、认知发展、幼儿游戏等相关理论进行了梳理，并对"幼儿园体育"和"体育游戏"两个核心概念进行了界定，为后面章节中论述的展开做了准备。幼儿园体育教学作为一种社会实践，需围绕着特定意义展开，在一定目标的指引下进行，并以具体内容作支撑，所以第二章对幼儿园体育教学的意义做出阐释，对其目标与具体内容做了相关说明。第三章落到具体层面，对幼儿园体育教学的整体现状进行研究，着重从静态的教学组织形式与动态的教学实施两方面展开分析论述，并对当前的幼儿园体育教学效果进行了综合性的评价。在教育活动中，"教"与"学"通过具体的课程得到连接与呈现，因此第四章在第三章的基础上，从体育教学课程这一角度切入，对影响课程设置的因素进行分析，并对课程的具体设置进行了说明，以便读者对幼儿园体育教学有一个更直观更细致的了解。第五章紧承第四章，将论述重点转向幼儿园体育课程中的游戏化，首先明确了课程游戏化的价值，其次对游戏化课程的教学进行研究。第六章对幼儿园体育游戏的创编进行分析，同时提供相关优秀案例方便读者探索与学习。最后，本书以《陈鹤琴的幼儿园体育教育思想及其对幼儿园体育教学的影响》作结，在纪念这位伟大的教育学家在幼儿园体育教育领域所做的巨大贡献的同时，也希望能以其学术热诚与持之以恒的探索精神与诸位共勉。

本书在大量吸收前人研究成果的基础上，充分考虑了当下我国幼儿园体育教学的现状，也对体育教学中的游戏化的价值、游戏化教学实践等进行了较为详尽的分析。总的来说，本书有以下亮点：

第一，关注现实，与时俱进。本书以国家相关政策的出台和人们对幼教事业日益关注为写作背景，以助推幼儿园体育教育事业的蓬勃发展为初心，始终着眼于当下，力图把握时代脉络，顺应社会发展需要。书中的观点与例证大都具有相当的时效性，可让读者对幼儿园的体育教学现状有更深入的了解。

第二，视角多元，博采众长。在理论架构上，本书兼采中西方幼儿教育与人类发展的研究成果，从中汲取独到见解并将这些见解与作者观点碰撞融合，内化为本书的研究视角，努力做到"求普遍，不偏狭"。同时在体育教学的具体研究上，本书充分尊重教师与幼儿的主体性，在教学效果评价、课程价值体现等版块关注双方的体验与反馈，力求视角的多元。

第三，援引实例，重在启发。在对幼儿园体育游戏进行研究的过程中，作者有意识地收集相关实践材料，最终汇成"幼儿园体育游戏优秀案例"一节。对这些案例的援引，不仅可以帮助读者从更直观的层面对幼儿园体育教学的游戏化进行深入理解，也为相关幼儿教育工作者的教学组织与实施提供了有益的参考。作者希望这些案例能对其探索更有实效性和创新性的游戏化幼儿园体育课程有所启发。

幼儿教育在国家教育体系中占有重要地位，在个人的生命发展历程中有着不可或缺的作用。希望本书对游戏化的幼儿园体育课程的研究能对此领域研究同行和幼儿教育相关从业者有所帮助，也希望我国的幼儿教育事业能够在大家的共同努力下稳步前进。

　　本书的完成得益于前人大量的相关理论与实践研究，同时也与师友同事及家人的大力支持密不可分，在此一并表示衷心感谢。同时，由于个人能力有限，书中难免存在疏漏之处，也恳请各位读者批评指正。不胜感激。

目　录

第一章 绪 论

基于游戏化的幼儿园体育课程是一种能让幼儿放松、快乐学习的体育教学课程，在幼儿园体育教学中具有重要意义。这一课程是在一定的理论基础上发展起来的，这些理论主要有陈鹤琴的幼儿教育理论、人类动作发展理论、皮亚杰认知发展理论和幼儿游戏理论等。从本质上讲，基于游戏化的幼儿园体育课程是幼儿园体育和体育游戏相融合的结果，它通过形式各样的游戏活动来提升幼儿对体育的兴趣，提升幼儿的身体健康素质和心理素质，消除幼儿的学习疲劳，培养幼儿的各方面能力，促进幼儿的全面发展。

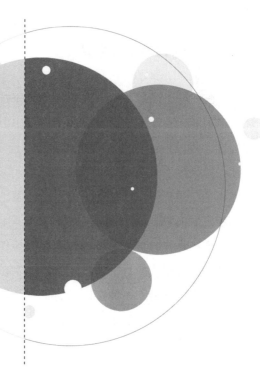

第一节　理论基础

基于游戏化的幼儿园体育课程不是凭空想象出来的，而是要依循科学的理论，例如我国著名的幼儿方面的教育专家陈鹤琴就提出了许多幼儿发展理论，还有皮亚杰认知发展理论和幼儿游戏理论等，这些理论都为本课程的研究打好了扎实的理论基础。

一、陈鹤琴幼儿教育论

在我国近代育儿理论方面最著名和做出卓越贡献的人物之一就是陈鹤琴。出生于浙江上虞的陈鹤琴是我国近代史上幼儿教育方面的重要奠基人之一，他为推动我国近现代幼儿教育学建立，促进近现代教育事业发展做出了重要贡献。陈鹤琴生长在时局动荡的战乱年代，作为觉醒的中国人，他承担起了学科"拓荒"的重任，在他的不懈努力之下，我国幼儿教育学科得以建立。早期陈鹤琴留学海外，学习西方先进的教育理论，他于1919年9月带着深厚的教育心理学和幼儿教育学领域的知识归国担任教授，并与当时的新教育倡导者一起推动中国近现代教育的发展。陈鹤琴生在一个新旧交替的年代，当时旧教育体制的余毒尚未清除，而在旧教育体制下的学生精神颓靡，校园氛围死气沉沉。大好年华的青少年学子暮气沉沉，陈鹤琴对此深感痛心。他立志要在中国建立生机勃勃、富有朝气的新校园，树立新校风。陈鹤琴提倡加强学生的体育锻炼，丰富学生的课外活动，培养学生的"自治精神"，深入改革，摒弃旧教育制度下的陋习。

陈鹤琴归国之初我国幼儿教育的发展还处于萌芽期，社会对幼儿教育缺乏认识，建立幼儿教育的学制也没有得到教育界和社会各界的重视。当时只有少数几个幼儿教育机构，且都是具有宗教教会性质的机构。陈鹤琴为了填补我国幼教方面的空缺，推动幼儿教育的发展，创办了我国第一所现代意义上的幼教机构，即幼稚园。他在推动幼儿学校教育发展的同时，还想倡导幼儿家庭教育，全面提升人们的幼教意识。陈鹤琴创办的第一所幼教机构——幼稚园位于南京，延续至今，现在的名称是南京鼓楼幼儿园。继此之后，他再接再厉，又在南京创办了五个幼教试验学校，奔赴上海在租界内创办了七所小学，并都设立了幼教机构。陈鹤琴以理论联系实际，他在创办幼稚园的具体实践中不断地反思西式理论，力求探索出符合中国社会实际的幼教发展方案，总结属于中国的幼教理论。

自从陈鹤琴在南京创办了幼稚园之后，他就以此为"根据地"，在幼稚园的具体实践中不断地进行幼教课程试验，幼教设备研发等。陈鹤琴的努力奠定了我国幼教的基础。陈鹤琴认为只有深入地了解幼儿，充分地研究幼儿，并在此基础上依循幼儿的生长发育特点，生理心理特点进行幼儿教育才能取得事半功倍的效果。陈鹤琴坚决反对把幼儿当成缩小版的成人，幼儿与成人有着显著的不同，幼儿具有迥异于成人的心理特点和生理特点，要科学有效地对幼儿进行教育就需要深入把握幼儿的特点，并采用符合幼儿自然和心理规律的教育方法。陈鹤琴的幼儿教育理论是建立在科学基础上的教育理论，对现代幼儿教育有着宝贵的借鉴意义。

陈鹤琴在长期的幼儿教育实践中深入地总结了独属于幼儿的鲜明特征，如幼儿更加好动并富有求知欲和好奇心，幼儿喜欢游戏并有较强的模仿能力，幼儿喜欢获得成就感，喜欢被人喜爱，等等。基于幼儿的特点，陈鹤琴提出要充分利用幼儿的"好动"特征促进幼儿课外活动的发展，并指出把握幼儿的特点是"很要紧的利器"[①]。他提倡要在尊重幼儿的基础上进行幼教，要在促进幼儿好奇心发展的过程中，给予他们适当的刺激，让他们更多地与自然万物接触。幼儿天性爱玩爱游戏，因此要把握这一特性去发展幼儿的行为能力，等等，陈鹤琴系统的幼儿教育思想对我国幼儿园教育的发展产生了持久而深刻的影响。他认为，父母和教师在幼儿良好习惯的培养中应遵循以下六个原则：

（一）注意第一次

陈鹤琴认为，"无论什么事，第一次做得好，第二次就容易做得好；第一

---

① 曹占东. 中外教育史 [M]. 海口：南海出版社，2005：152.

次做错，第二次就容易做错"①。导致幼儿养成不良习惯的一大原因是，他们的教育者未能够在幼儿第一次做错的时候及时纠正，导致幼儿延续不良习惯，最终习惯在漫长发展中成为天性。因此，教育者要留心幼儿的行为，当他们做出不良行为时要及时纠正。

（二）不要有例外

陈鹤琴认为，有些良好的习惯需要花费较大的努力才能培养，但是有些不良的习惯却非常容易形成。因此作为教育者的父母要以严格的态度帮助幼儿培养好习惯，也要以严格的态度纠正幼儿已经形成的坏习惯，阻断正在形成的坏习惯。

（三）发挥主动性

陈鹤琴认为激发幼儿求知的积极性是十分重要的，教学必须要秉持幼儿主导原则，让幼儿通过实践去学，通过身体的实践学习身体的知识，通过感觉的实践学习感觉的知识，通过精神的实践学习精神的知识。因此，教育者要鼓励幼儿做力所能及的一切事情，也要鼓励幼儿自主思考，解决问题。作为教育者的父母和教师如果过分"关切"而剥夺了幼儿自主做事的能力，侵占了幼儿自觉思考的空间，就会严重影响幼儿自主性的形成。习惯对人的影响之深不言而喻，人所做的大部分事情都依循习惯，因此养成自主习惯对幼儿是极其重要的，教师和父母要观察和辅助幼儿养成自主做事的习惯，如果对幼儿的行为过多干涉、过多辅助则会挫伤他们的自主性。

（四）要持之以恒

陈鹤琴认为，良好习惯的养成不是一蹴而就的，需要持之以恒，不断坚持。因此教师和父母要鼓励幼儿多行动，在不断去"做"的过程中循序渐进、持之以恒地养成一些受益终身的好习惯。习惯的形成靠的不是理论，而是实践，知而不行是不会成功的。良好习惯最终成为行为定式需经过由被动到主动的

---

① 柯小卫. 陈鹤琴"家庭教育"家长实用手册 [M]. 南京：南京师范大学出版社，2019：275.

过程。被动时期由幼儿的教育者占主导，在他们的约束下，幼儿被迫养成好习惯；主动时期由幼儿自身做主导，自发自觉地养成好习惯，并在好习惯中生活。

（五）积极的鼓励

陈鹤琴认为，有效的鼓励能够促进幼儿进步，提升他们的积极性，因此要给予幼儿适当的鼓励，以使他们得到正向反馈，更好地去养成良好习惯。此外，在幼儿的生活实践、学习活动中，教育者也应当以鼓励代替"制裁"，以鼓励代替呵斥。

（六）运用"活教育"

陈鹤琴提出了"活教育"理念。所谓的"活教育"指的是，要深入大自然、深入社会去对幼儿进行教育，而不是只参照书本理论做"死教育"。"活教育"的理论目标已经接近现代全面教育的理念了，即要提升幼儿的身体素质，提升幼儿的建设能力，培养幼儿集体合作、服务他人的意识，等等。陈鹤琴指出，幼儿的"活教育"可以从四个方面进行：其一，健康活动教育；其二，社会活动教育；其三，自然活动教育；其四，艺术活动教育。"活教育"重视让幼儿在行动中学习，在行动中进步，多参与自然和社会体验，重视对生活体验的感受和经验的总结，重视从实物中获得知识。陈鹤琴建议为幼儿配备一个"工作簿"，教育者仅起到启发和引导的作用，应让幼儿自主完成实验观察、发表看法、批评研讨等学习环节，并将学习收获记录于工作簿中。

二、人类动作发展理论

（一）人类动作发展的理论概述

基于人类动作发展理论可知，人类动作发展的主要阶段有六个：其一，反射阶段；其二，预先适应阶段；其三，基本动作技能阶段：其四，专项动作技能阶段；其五，技能熟练阶段；其六，代偿阶段。人类动作发展的最初阶段为反射阶段，这一阶段的动作较为刻板，动作类型又可以被细分为两种，即原始反射动作和姿势反射动作。反射阶段的动作是人类保护自身的必备动作，用以维持生存和发展。人类动作发展的第二个阶段为预先适应阶段，当幼儿年龄增长，动作发展成熟后会出现一些预先适应性的动作，主要包括姿势的预先适应动作、移动的预先适应动作和控制的预先适应动作三种。上述两个动作发展阶段受外界的影响较小，影响上述两个动作发展阶段的主要因素是神经系统的发育。在上述两个阶段的基础之上，随着年龄增长和神经系统的发育成熟，幼儿将进入人类动作发展的第三个阶段——基本动作阶段，这一阶段会出现一些更高级的，由外界深度出发，受大脑皮层控制的自主性动作。此阶段主要包括大动作和小动作两个动作类型，大动作即控制全身大肌肉做出的动作，小动作即控制精细肌肉做出的动作。一般来说，幼儿在进入小学之前会由基本动作阶段转入专项动作阶段，然后进入技能熟练阶段和代偿阶段，奠定运动学习的基础。[①]

（二）我国动作发展理论的概况

我国现代意义上的动作发展研究始于 20 世纪 80 年代，在此之前我国没有专门地研究过此类问题。近现代以来，我国教育部门始终坚持教育内容和方法要符合学生的生理发展情况和生长规律。不同历史时期，教育相关部门根据各时代的社会需求和教育现实确定相应的教育内容，采取适合的教育方法，在根本上都遵循人的发展规律。需要明确的是，教学实践是检验教学理论的唯一标准，我国教育相关部门采用的针对各年龄段不同动作发展程度学生的教育内容是否符合人类的动作发展规律，是需要经过多年的教学实践来最终判定和证明的。但是在 20 世纪 80 年代之前，我国缺乏针对幼儿动作发展的研究，因此不能有效地认识动作发展的相关规律，也就不能科学地制订相关的教学内容，采用合理的教学方法。在 20 世纪 80 年代之前，我国教育部门设置幼儿教育课程更多依据的是幼儿心理学和幼儿体质研究成果，而非幼儿动作发展理论。虽然如此，但是我国广大教育者一直没有停止探寻符合幼儿身体发展规律的教学理论和方法。

---

① 赵焕彬，周喆啸. 幼儿功能性动作教学理论与实践 [M]. 北京：人民体育出版社，2018：18.

总的来说，19 世纪 40 年代到 20 世纪前叶是我国学校教育巨变的时期，这一时期各项教育都发生了重大的改变，其中当然也包括了体育教育，我国近代体育也是在这一时期发展起来的。此时期内体育教育的变革具有特殊的历史、社会、政治背景，例如辛亥革命彻底地结束了我国漫长的封建时代，建立了"中华民国"，由此开始了从思想到教育全方位学习西方的尝试。将人类动作发展理论引入我国幼儿体育教育的尝试也是始于这一时期。近代我国许多仁人志士认识到了依循人类动作发展理论来开展幼儿体育教育的重要性，提出了许多相关主张。例如，康有为就提出了要建立"育婴院""小学院"和"大学院"等几级教育机构。"育婴院，'体弱无知，事事皆应由女子精心呵护养育'。小学院'人生寿命基于童稚，学贵于养身健乐为主'。中学院'为一生之学根本，但身体稚弱，故养体开智外，又以育德为重，可以学礼习乐矣'。大学院'应重体操，以行血气而强筋骸'。"[1]康有为的分级体育教育机构符合人类动作发展理论，开了真正意义上依循人类动作发展理论实施体育教育的先河，对后面的体育教育产生了较为深远的影响。

我国正式的基于人类动作发展规律进行的幼儿教育研究"始于 20 世纪初期，最早的报告见于 1910 年梅林斯发表在《中华医学杂志》英文版的武昌200 余名 11 ～ 23 岁学生身高、体重等指标的生长情况。我国学者王吉民根据杭州两届保婴大会的资料最早报告了'中国婴孩体格之标准'"。[2]20 世纪三十年代的末期，吴襄、蔡翘等人深入调查了中国人的体质发展状况，如肺活量、基础代谢率、生长率等，这是我国最早的生理常数调查，对了解我国人民体质，尤其是幼儿体质具有重要的意义。我国系统的国民体质研究和幼儿生长发育研究在中华人民共和国成立之前都未成系统，是零散式、自发性的研究，研究人员较为分散，研究数据样本量较小。其中，学生体质研究中的身体素质研究，开始出现了学生动作发展研究的影子。

中华人民共和国成立之后，我国开始了较为全面的人体动作发展相关理论的研究，最初被命名为"体质与健康研究"，研究的内容涉及人体的形态、机能、素质、运动能力、健康指标等，深入研究影响人体体质健康的因素，并提

---

① 高等学校体育史编写组 . 体育史 [M]. 北京：高等教育出版社，1987：150-151.
② 李颖川，周登嵩 . 全国体育传统项目学校体育师资培训专用培训教材 [M]. 北京：地质出版社，2009：101.

出应对策略和解决措施。幼儿动作发展方面，我国引入了苏联的《学前幼儿体育的理论和教学法》一书，此书系统地论述了从幼儿出生到6岁不同年龄阶段的动作特征和动作的发展过程，认识到幼儿身体机能的发展与幼儿脑神经系统的发展存在着深刻而紧密的联系，我国基于这种联系确定了幼儿体育教育的原则。《学前幼儿体育的理论和教学法》的翻译出版和1985年我国开展的《中国学生体质与健康研究》为我国进行幼儿身体发展和动作发展的研究提供了可借鉴的内容，奠定了基础。人民教育出版社在1986年出版了具有较大影响力的《幼儿体育教学法》一书，这本书是我国第一部幼儿动作发展相关理论的研究成果，书中深入探究了幼儿基本动作的发展情况，以及如何根据幼儿的动作发展规律制订体育教育内容，如何根据幼儿的身体机能发展特点开展体育教学等。[①]这本书对幼儿投掷动作、跑步动作和平衡动作的发展都进行了相当详尽地阐述，对我国幼儿园体育课程的教学研究具有深远影响。

三、皮亚杰认知发展论

皮亚杰（1896 — 1980）是日内瓦学派创始人，瑞士幼儿心理学、发生认识论的创始人，是当代发展心理学领域最有影响的理论家，被誉为心理学史上除了弗洛伊德以外的另一位"巨人"和20世纪最伟大的幼儿心理学家。[②]皮亚杰借鉴哲学心理学、逻辑学、生物学等学科的研究成果创建了发生认识论。在此基础上，皮亚杰又结合幼儿心理发展理论建立了认知发展理论。他认为，只是通过对环境的刺激进行同化（信息输入的过滤或改变）和顺应（为适应现实而进行的内部改变）时，幼儿的认知结构才能得到发展。他的结论不是从刺激直接到反应（S—R），而是同化刺激于结构的反应[S—（AT）—R]（AT，即同化刺激于结构之意）。据此，单纯用语言注入式的教育方法，不能发展幼儿的智力或改变幼儿的努力程度。学习必须是一个主动过程，要创设让婴幼儿主动摆弄和探索周围世界的环境条件和气氛，使之发生与环境各种刺激同化和顺应的主动交互过程。幼儿在与世界的主动交流过程中，获得有关世

① 人民教育出版社课程教材研究所体育课程教材研究开发中心. 人类动作发展概论 [M].
北京：人民教育出版社，2008：41.
② 刘万伦. 学前幼儿发展心理学 [M]. 上海：复旦大学出版社，2018：36.

界的稳定而持久的认知。他强调动作是思维活动的源泉，知识不在词语之中，而是运用词语进行建构和创造的结果。因此，动作和活动是制订皮亚杰式体育课程方案的重要方面。

在《幼儿和青少年智慧发展阶段》中，皮亚杰首次论述了阶段论思想。皮亚杰认为不能将幼儿出生后认知成长的过程简单地看作一个认知数量增加的过程，而要认识到幼儿出生后的认知发展是伴随着同化性的认知结构不断扩展和再建的过程。皮亚杰指出，幼儿认知发展主要有四个阶段：其一，幼儿在出生到两岁步入感知运动阶段；其二，幼儿在两岁至七岁步入前运算阶段；其三，幼儿在七岁至十二岁步入具体运算阶段；其四，幼儿在十二岁至十五岁步入形式运算阶段。皮亚杰认为，幼儿在每个认知发展阶段的认知规律是固定的；幼儿在认知发展过程中要经历上述所有阶段，而不能跳过其中任何阶段；认知发展过程中的每一个阶段都基于上一个阶段并为下一个阶段奠定基础；认知发展由一个阶段进入下一个阶段发生的不仅是量变，还有质变。根据发展阶段论，各种认知性方案的制订者们都十分重视前运算阶段与感知运动阶段的联系，注意从动作思维到表象功能的发展，从具体形象思维到抽象逻辑数理思维的过渡，从自我中心单维向两维和多维思维的发展，从不可逆思维到可逆思维的发展。每一个教育工作者都必须了解幼儿在不同时期的学习兴趣和方法方面的差别。可见，皮亚杰认知发展理论对幼儿教育的发展具有重要意义。在幼儿园体育教学方面，皮亚杰关于幼儿认知的发展理论的指导意义主要体现为以下三点：

第一，活动具有不可替代的重要意义，经验主要来源于活动。皮亚杰在其认知发展理论中谈到，人类得到的一切知识和经验都需要作为主体的人和作为客体的物、环境发生作用，而活动就是连接主客体的不可或缺的桥梁。知识的本源不是来自于客体，也不是产生于主体，即知识不能单独存在于主体或客体之中，而是需要主体与客体发生作用。基于此理论可知，幼儿要在活动中发展认知能力。为了提升幼儿的认知能力就需要让幼儿经常参与各项活动，让幼儿在活动中以作为主体的自身和作为客体的物、环境发生作用，从而获得各种实际的知识和经验，增长自身的智力和认知能力。幼儿会在动作中学习和认知世界，从最初爬行寻找玩具的动作开始，到后来形成的抽象的数字、序列的概念，都离不开活动，幼儿要通过活动来思考。皮亚杰强调要开阔幼儿的活动空间，因为活动是幼儿增长知识的主要途径，获得经验的主要方式，勉强幼儿坐在椅子上并灌输知识是低效的，需要让幼儿深入活动，参与体验才能更好地学习。皮亚杰倡导学校和教育者要广泛开展针对幼儿的活动教学，为幼儿提供可供活动的良好场所，让幼儿可以试验各类事物来获得经验和知识，让幼儿能够自己提出问题，并通过活动寻找答案，解决问题……①幼儿会在参与活动的过程中获得真正的认知发展。皮亚杰强调，游戏是一种对幼儿极为有效的特殊活动形式，幼儿游戏也是幼儿取得知识经验、发展智慧的重要途径。②

第二，幼儿好奇、求知的天性使幼儿是主动型的学习者。皮亚杰认为，幼儿的认知结构是自动发展的；幼儿通过主体与客体的相互作用来获得知识和经验，而推动主体与客体相互作用的力量在幼儿本身，也就是幼儿好奇、求知的天性。美国学者埃德·拉宾诺威克兹在《皮亚杰学说入门：思维·学习·教学》一书中指出："幼儿与其环境之间反复相互作用的这种循环，要靠幼儿自己作为他自身发展的主要动力"。换句话说，幼儿在作为主体的自身与作为客体的环境不断相互作用和影响的过程中推动了认知结构的发展和升级。这整个过程中，幼儿所起的作用是主动和积极的，因此幼儿教育中要充分利用幼儿的主动性，创造激发幼儿主动性的环境，让幼儿能够自发学习，积极提升认知水平，帮助幼儿通过活动发现并形成知识经验，促进智力的发展。

第三，课程内容要适合幼儿的认知发展水平与特点。皮亚杰认为，幼儿的认知发展是有阶段性的，且每一个阶段具有自己的特点与相应的水平，而这些是考虑和设计幼儿园体育课程内容的依据。如果课程内容超越幼儿的发展阶段，硬性地灌输给幼儿在现阶段还不能理解的知识，那么结果只会导致幼儿不理解其真实含义而生搬硬套，无法达到启智、益智的效果。因此，皮亚杰的认知发展课程在设计时都努力遵循这样的原则：幼儿园体育课程内容应该尽量适应幼儿的认知水平与阶段，不人为地加速幼儿的身心发展。当然，这里的适应既包括对幼儿发展的一般年龄特征的考虑，又包括对个别差异的关注；既包括使新课程内容有利于幼儿以原有经验和认知方式为基础同化之，又包括为幼儿提供适当超前的有发展价值的经验以及问题，从而引发幼儿的经验重组和顺应

① 钟启泉. 国外课程改革透视 [M]. 太原：山西人民教育出版社，1993：441.
② 王春燕、王秀萍、秦元东. 幼儿园课程论 [M]. 杭州：浙江工商大学出版社，2018：119.

行为，促进他们的认知向高一级水平发展。

总之，根据皮亚杰的阶段发展学说，幼儿园体育教师必须寻找形成认知结构更合适的起点，给幼儿以适时的指导和启发，这就要充分认识幼儿思维与成人的区别 —— 幼儿不仅知识较少，而且按与成人完全不同的方式思考。此外，幼儿园体育教师还要寻求适应幼儿不同时期的幼儿园体育教育内容和方法。

四、幼儿游戏发展理论

长期以来，许多心理学家和教育学家都在研究幼儿的游戏。不同学科和领域的学者分别从不同的角度对对象进行了研究，他们对幼儿游戏的认识角度不同，得出的解释也各不相同。下面对不同历史时期、不同学派的幼儿游戏发展理论进行分析。

（一）幼儿游戏发展的经典游戏理论

幼儿游戏发展的相关研究起步于 19 世纪下半叶，一直到 20 世纪 30 年代都是幼儿游戏发展研究的初始阶段，在这一阶段出现的游戏理论，被称作"经典游戏理论"。经典游戏理论是人类史上第一次对游戏做出解释的理论，它为以后的游戏理论发展奠定了基础。

1.剩余精力说

德国思想家斯宾塞是主张剩余精力说的众多学者中的代表性人物。剩余精力说认为生物所产生的体能在满足了基本的生存需求之外还有一定的剩余；幼儿也是同理，幼儿获取的能量在维持正常生活之外，还存在剩余，而这些剩余的能量又表现为剩余的精力，需要得到发泄。游戏是幼儿发泄自身剩余精力的一种途径。主张剩余精力说的学者认为游戏之于幼儿最主要的目的就是消耗他们过剩的能量和精力。总的来说，剩余精力说的基本主张如下：

第一，维护自身生存的能力是一切生物的基本能力，在进化链上等级越高的生物，维护自身生存的能力就越强。

第二，进化链上高级的生物在获取了维持基本生存所需要消耗的能量之外还会有剩余。幼儿获取到的能量在维持基本生活之外也还有剩余，这些剩余表现为剩余精力。

第三，幼儿需要有途径发泄和释放自身剩余的能量和精力，而游戏是一种既能释放幼儿剩余精力，又能够给幼儿带来快乐的形式。

第四，游戏能够有效地消耗幼儿的剩余精力，高等级的生物都需要寻找方式来消耗剩余精力，而低等级的生物没有剩余精力，因此没有游戏需求。

2.精神松弛说

精神松弛说的代表人物为德国的拉察鲁斯和帕特里克。与剩余精力说恰恰相反，精神松弛说认为，游戏存在的目的不是释放生物体内的剩余精力，而是生物在疲惫之余进行精力恢复。人类在疲劳之后会选择游戏来放松精神，然后恢复精力，为接下来的学习和工作做准备。精神松弛说的观点可以概括如下：

第一，人类在进行了一定时间的脑力劳动或体力劳动之后会感觉到身体或精神上的疲惫，而借助游戏可以消除身体的疲劳，恢复精神和精力。

第二，幼儿处在较低的身心发展水平，因此容易对外部世界感到疲劳，而游戏有助于消除幼儿的疲劳，放松幼儿的精神，帮助他们恢复精力。

第三，游戏活动在人类幼儿时期是一种本能活动，幼儿能够自发地借助游戏消除精神或身体上的疲劳，恢复体力和精力。

3.游戏复演说

美国心理学家霍尔是众多主张游戏复演说的学者中的代表性人物，他认为幼儿可以通过游戏实践来复演人类历史的发展阶段，人类遗传有游戏基因，许多游戏活动是在重复人类先祖的进化历程。幼儿游戏的阶段性也体现了人类进化的顺序。复演说主要有以下两个观点：

第一，游戏是人类的天性，其存在于遗传基因之中，幼儿会天生地、自发自觉地开展游戏，并通过游戏复演人类显著的进化活动。

第二，幼儿游戏发展的过程和人类种族演化的过程有许多吻合之处，幼儿在通过游戏复演先祖进化过程的同时，也会通过游戏根除基因中携带的原始动物残余状态。游戏可以使幼儿摆脱基因中不必要的原始残余行为，做好适应当下时代的准备。

4.生活预备说

德国生物学家、心理学家格罗斯是众多提倡生活预备说的学者中的代表性人物，他认为幼儿在游戏中做好了成长的准备，游戏是幼儿的"成人预备礼"。游戏是一种有趣而安全的途径，幼儿可以通过这一途径培养成人所必备的能力。生活预备说的主要观点如下：

第一，幼儿天生所具有的，来自于基因中的本能不能完全适应人类社会的复杂生活，因此需要有一个准备和过渡的阶段，让幼儿将天赋的本能和人类社会的生存需求结合起来，而游戏就发挥着重要的生活预备功能。

第二，幼儿在游戏中玩耍的同时，也在为未来所要充当的角色做着无意识的准备。例如小女孩喜欢洋娃娃，会在过家家游戏中充当母亲的角色，这就是无意识的角色准备现象。

第三，越高等级的动物所要面对的未来的生活情况越复杂，因此需要更长的游戏期去做生活预备。

（二）精神分析学派的幼儿游戏理论

奥地利的心理学家弗洛伊德是世界公认的精神分析学派的创始人，其创立的精神分析理论对世界有着深远的影响。基于精神分析学派的幼儿游戏理论又被称为是游戏发泄论、游戏补偿论。该学派的理论风行于20世纪40年代至20世纪60年代。现代细分心理学的漫长发展中诞生了很多心理学流派，其中由弗洛伊德所创的精神分析学派尤其重视对幼儿游戏理论的研究。精神分析学派的学者指出，游戏是幼儿发泄情绪所不可或缺的一种行为活动，其具有重要的精神宣泄和补偿作用，可以让幼儿摆脱创伤经历后产生的消极情绪。

弗洛伊德提出了人格构成学说，包括"本我""超我"和"自我"的人格理论。"本我"指的是人类基因和天性中所携带的所有原始冲突，本我受"快乐"所支配，会追求一切令人满足的事物。"超我"指的是人类人格中最遵循秩序，最文明的部分，它代表着人的意识要求，反映着幼儿生活于其中的那个社会的道德要求和行为标准。"自我"指的是人与现实相互作用后从原始的"本我"中分化出来的，能够适应现实生活的一部分。在人类诞生后的幼儿时期，"本我"占据支配性主导地位，但是随着人类的生长和发育，随着知识和经验的积累，"自我"逐步从"本我"中分化和形成，"超我"开始发展。弗洛伊德基于上述人格构成说提出了基于精神分析学派的幼儿游戏理论，他认为游戏可以帮助幼儿调节"本我"的需求，培养"超我"意识，发展"自我"的力量。游戏为幼儿提供了一个良好的途径，让他们能够合理地解决"本我"和"超我"之间存在的矛盾和冲突。精神分析学派幼儿游戏理论的主要观点如下：

第一，心理上追求快乐是幼儿参与游戏的根本动机，即幼儿通过游戏体验到快乐。愉快原则体现在幼儿的游戏中，表现为幼儿在参与游戏的过程中寻求愿望的满足。

第二，幼儿可以通过各种形式来满足内心的愿望。幼儿的许多愿望都只能在游戏中获得满足，例如，不少幼儿渴望长大成人，但是生活中他们只是小孩，因此只能通过游戏扮演来实现自己成为大人的愿望。游戏可以为幼儿提供一个安全的环境，让他们从生活的约束中解脱出来，实现自己在生活中未能实现的心愿。

第三，幼儿可以在游戏中找到宣泄负面情绪的途径。精神分析学派的学者在研究中发现，不少幼儿将生活中不愉快的经验和游戏联系在一起，并且在游戏中重复不愉快的经验，以进行情绪的发泄。

（三）社会文化历史学派的游戏理论

以苏联著名心理学家维果斯基、艾里康宁等为代表人物的心理学派是著名的社会文化历史学派。此学派的学者在研究中提出了迥异于西方心理学的游戏理论，他们指出："幼儿的游戏无论就其内容或结构来说，都根本不同于小动物的游戏，它具有社会历史的起源，而不是生物学的起源。"[①] 这些奠定了苏联现代游戏理论的基础。

1.维果斯基的游戏理论

苏联心理学家维果斯基指出，社会的文化和历史状况深刻地影响和制约着人类高级心理机能的形成和发展，游戏活动在人类早期高级心理的形成和发展

---

① 姚伟. 学前教育学 [M]. 长春：东北师范大学出版社，2012：162.

中发挥着不可或缺的作用，基于此，维果斯基得出了以下游戏理论：

第一，游戏对幼儿心理发展起着重要的作用。维果斯基指出，在幼儿的早期发展中，游戏活动所发挥的作用是极为重大的，幼儿在游戏活动中的表现往往要超出他们实际年龄的情况，也要超出幼儿在日常行为中的表现水平，幼儿在游戏活动中寻求着超越自我的发展。例如，有的幼儿会将扫帚或者木棍当作马匹来进行骑马的动作，这一游戏帮助幼儿将马的"概念"转化为马的"事实"，这一行为说明幼儿的思维摆脱了客观事实的束缚，而获得了想象的超越。

第二，强调游戏的社会性本质，反对本能论。维果斯基认为，游戏具有深刻的社会活动性质；幼儿在游戏中模仿周围成人的举动；幼儿把自身对成人世界的认识移植到游戏之中。人类幼儿的游戏在根本上是迥异于小动物游戏的。小动物的游戏起源于生物本能，而人类幼儿的游戏具有深刻的历史和社会起源。且游戏不是幼儿天生所具有的、由基因带来的行为，而是幼儿在成长发展中习得的后天能力。

2.艾里康宁的游戏学说

苏联奠基了现代游戏理论的著名学者之一就有艾里康宁，他较系统地研究了幼儿的游戏，重点研究了角色游戏。他指出，幼儿典型的游戏形式之一就是角色扮演游戏，因此应当从幼儿的角色扮演游戏入手研究幼儿的游戏行为。人类幼儿的角色扮演游戏有着悠久的社会历史渊源，艾里康宁认为角色游戏是在一定的历史发展阶段由于生产力的发展引起幼儿在社会关系中地位的变化而产生的。

人类发展的原始时期，社会生产力较为简单和原始，幼儿可以不经过练习直接参与生产活动。随着生产力的发展，人类掌握的工具和技术逐渐增多，幼儿无法直接投入生产，需要先学习各类工具的使用和各类生产技术，于是产生了角色扮演游戏，幼儿在角色扮演游戏中练习成人社会的活动。随着人类社会的发展，幼儿在成长为社会成员的过程中发生了以下两种变化：其一，幼儿能够区分出一般性的能力，即掌握使用玩具的能力，如视觉与运动的协调能力、细小而准确的动作、灵活性等；其二，幼儿可以借助想象力模拟那些他们暂时不能参与的活动，获得模拟参与的能力。人类幼儿的角色扮演游戏具有深刻的社会性，这类游戏不是来源于幼儿基因和天赋中的本能，而是与幼儿所处的社会历史条件相联系的。

第二节　概念界定

基于游戏化的幼儿园体育课程是幼儿园体育与体育游戏相结合的教学课程，因此大家在研究这门课程之前应先对"幼儿园体育"与"体育游戏"这两个概念加以了解。

一、幼儿园的体育

体育的概念有广义和狭义之分。广义的体育泛指一切提高人们健康水平、增强人们体质的活动；狭义的体育则专指学校体育，学校所开展的体育是促进学生身体生长发育的教育活动，是具有明确目的性和计划性的教育活动。幼儿园的体育则属于狭义体育的概念范围之内。具体而言，幼儿园体育是基于幼儿生理机能的生长发育规律，以促进幼儿体质健康水平提升，增强幼儿体育运动能力，提高幼儿生长发育水平为目的所开展的有计划的、有组织和规律的教育活动。

（一）幼儿园体育的特点

幼儿园体育有着不同于中小学体育的特点，这是由幼儿身心发展的特点和规律决定的。具体地说，幼儿正处于生长发育之中，骨骼和肌肉发育很不成熟，动作还不协调，耐力差。因此，幼儿园体育要做到以下五点：其一，不宜安排专项动作训练；其二，不宜安排强度过大的训练；其三，不宜安排肌肉爆发性训练；其四，体育运动时间不宜过长；其五，体育活动要求不宜过高。幼儿园体育教学不仅仅是身体能力的教学，也是生活习惯的教学，因此教师可以将培养良好运动习惯、培养良好生活卫生习惯等内容融入幼儿园体育教育之中。此外，幼儿园还要为幼儿提供合理的膳食；创造安全、有趣、轻松的环境；让幼儿能够在游戏中提升体育运动水平，提高身体协调能力，增强体质。

（二）幼儿园体育的目标

幼儿园体育有三大基本目标：其一，促进幼儿身体的正常生长发育；其二，提升幼儿身体的协调能力；其三，促进幼儿健康水平的提升。身体的正常发育是保证幼儿各个方面健康发展的前提条件。幼儿身体机能的协调发展包括机体组织、器官以及各生理系统的协调发展，生理机能和身体运动机能的协调发展，等等。幼儿体质好坏的主要标志是适应环境和抵抗疾病能力的强弱。幼儿健康包括幼儿身体和心理两个方面的健康。良好的生活卫生习惯是确保幼儿健康的必要条件。其中，生活习惯包括规律的生活、合理的饮食和良好的睡眠习惯等。

（三）幼儿园体育的内容

1.开展幼儿园体育活动

幼儿园体育活动可以发展幼儿基本动作，增强幼儿体质，培养勇敢、自信等优良品德，活泼开朗的性格以及坚强的意志品质等。以下是幼儿园体育活动的主要内容。

（1）基本动作的练习

幼儿园时期体育活动中的基本动作练习主要包括走、跑、跳、爬、攀登、投掷等。之所以称这些锻炼内容为基本动作，是因为这些动作是从事体育运动的基础，是人们基本生活中的主要运动内容。基本动作的练习对发展幼儿动作的灵敏性和协调性都至关重要。

（2）姿势和体操练习

幼儿园时期的身体姿势练习主要包括走、坐、立等。养成正确、科学的身体姿势对幼儿的成长发育具有重要的影响。对幼儿进行身体姿势训练较为有效的途径是体操练习。幼儿体操主要包括徒手操、轻器械操和听口令做立正、稍息、齐步走等。其中，徒手操（如韵律操）是身体姿势训练的主要内容。

（3）幼儿园体育游戏

幼儿天性喜欢玩游戏，因此幼儿园体育教育可以将游戏作为一个主要的内容，在游戏中锻炼幼儿的身体，也在游戏中培养幼儿对体育运动的兴趣，激发幼儿参与运动的积极性。在体育游戏活动中，孩子们在玩中学、在玩中练，他们的合作精神、集体意识及交往能力都得到了充分发展。此外，体育游戏活动还能培养幼儿不怕挫折、勇于竞争、勇于创新和活泼开朗的个性品质。

2.科学地护理幼儿生活

要想幼儿的身体机能正常发育，增强幼儿的体质，提高幼儿的健康水平，就需要合理地安排幼儿的生活起居，为幼儿创造良好的生活环境。

（1）合理安排生活与起居

科学合理、营养均衡的饮食是保障幼儿身体健康发育的基础，幼儿时期尤其要注重营养的摄入，营养不足会导致幼儿身体发育不良，也可能会影响幼儿大脑和神经系统的发育。幼儿园需要根据科学的营养学理论来调配幼儿每日的膳食，以确保幼儿能够从合理搭配的食物中获得生长发育所必需的营养元素。幼儿园还应帮助幼儿养成良好的作息习惯，确保幼儿有足够的睡眠时间，让幼儿的起居生活规律而协调。

（2）创建安全卫生的生活环境

幼儿的身心健康发展离不开安全、卫生的环境。幼儿园应当为幼儿提供一个符合国家相关安全与卫生标准，舒适轻松的物质环境。例如，幼儿活动室要宽敞、明亮、通风性好；幼儿园要定期清洗幼儿的玩具、午睡被褥、桌椅板凳等；幼儿园要对厕所等区域进行定期的消毒杀菌处理。幼儿园为幼儿提供的环境既有上述有形的物质环境，也包括了无形的心理环境。心理环境主要表现为幼儿园教师、工作人员与幼儿之间的人际关系。幼儿园的教师和工作人员要关心、爱护、尊重每一个幼儿，引导他们建立和谐的集体关系，让幼儿在幼儿园的生活中感到自在、快乐。幼儿园教师尤其要关注那些内向、敏感的幼儿，安抚他们的情绪，缓解他们的苦闷。

3.做好卫生和保健工作

幼儿园是一个集体性的幼儿教养场所。为了幼儿的健康成长，幼儿园必须做好卫生保健工作，此项工作的内容如下：其一，依据不同年龄阶段儿童的生理和心理特点建立健康科学、合理的幼儿园生活制度，让幼儿养成规律的作息习惯；其二，培养幼儿的卫生意识和卫生习惯；其三，根据不同年龄阶段幼儿的生长发育特点制订科学的体育锻炼计划，保障幼儿的户外活动时间，让幼儿充分接触自然；其四，为幼儿建立健康档案，及时发现幼儿身体的问题，定期为幼儿进行健康检查。

4. 进行健康与安全教育

幼儿园进行的健康与安全教育主要包括四大方面：其一，生活健康教育；其二，生活安全教育；其三，心理健康教育；其四，运动安全教育。幼儿园开展此类教育的目的有两个：第一，要使幼儿能够充分了解到生活所必需的健康知识，养成良好的生活习惯；第二，要使幼儿充分了解生活中存在的危险因素，了解必备的安全知识，培养幼儿自我保护的意识，提升幼儿安全能力。

（四）幼儿园体育教育的实施

为了确保幼儿园体育教育能够安全、顺利地进行，幼儿园的教师需要明确幼儿园体育教育的实施途径，了解幼儿园体育教育的实施要点。

1. 幼儿园体育教育的实施途径

幼儿园体育教育的实施途径主要有以下三个：

（1）经常组织幼儿做操

最好在户外开展幼儿的体操活动，幼儿园可以选择晴朗但不太热的天气组织幼儿到幼儿园的室外活动场所进行体操运动，单次运动的时间最好控制在二十分钟左右。幼儿体操活动的形式主要有集体体操活动和幼儿自选体操活动两种。幼儿经常进行体操活动有助于养成良好的运动习惯，提高身体素质，形成良好的身体姿态等。此外，日复一日坚持体操运动还有助于培养幼儿坚持不懈的恒心。

（2）组织体育教学活动

幼儿园开展的体育教学活动属于幼儿园的一种正规性体育活动，在教师有目的、有计划地组织和指导下进行，通常是集体体育活动的形式，即教师组织下的以班级或小组为单位的体育活动。若无特殊的天气状况，幼儿园的体育教学活动多在户外场所开展。

（3）开展户外体育活动

虽然幼儿园大部分体育活动都是在户外开展，但是户外体育活动却是有别于上述两项在户外开展的体育活动的。户外体育活动与上述两项活动相比，它的组织更为松散，教师在活动中不是直接的组织者，而是以间接指导的方式来管理幼儿的。我国《幼儿园工作规程》中明确规定了幼儿园中幼儿每日在户外活动的时间，户外活动可以给幼儿足够的光照、清新的空气和有质量的体育锻炼，帮助幼儿健康成长发育。户外体育活动的类型丰富，幼儿可以根据自身兴趣选择喜欢的活动，这有助于培养幼儿户外活动的兴趣，激发他们参与体育运动的自主性。[①]

2.幼儿园体育教育的实施要点

在实施幼儿园体育教育时应注意以下三个要点：

（1）体育活动与日常活动相结合

虽然说教师组织的集体性的专门体育活动是增强幼儿体质的重要途径，但是除了这条途径之外，幼儿日常生活中的许多活动对提升幼儿体质也起着重要的作用。因此，不可以片面重视开展专门的体育运动，而应当将幼儿的体育运动和日常活动结合起来。例如，教师可以将音乐活动、语言活动、科学活动、社会活动等和体育活动结合起来。

（2）要注重幼儿身体素质的提高

幼儿园体育教育的核心任务就是有效地提高幼儿的身体健康素质，而幼儿身体健康素质提高最显著的表现就是体质的增强。影响幼儿体质的因素众多，包括但不限于遗传基因、疾病、营养状况等。教师虽然不能改变幼儿的遗传素质，但完全可以而且应该通过预防疾病、改善营养状况、创设良好生活环境以及科学组织幼儿园体育活动来增强幼儿的体质，提高幼儿的身体素质。

（3）培养幼儿对体育活动的兴趣

良好的兴趣能够最大限度地激发幼儿参与体育运动的积极性。幼儿园先要帮助幼儿养成良好的体育运动习惯，然后才能促使幼儿有效地参与体育运动，自发自觉地锻炼身体。在幼儿园体育中，教师不能把重点放在体育技能技巧的

---

① 刘光仁，游涛.学前教育学 [M].长沙：湖南大学出版社，2016：60.

训练上，不能进行各种有伤幼儿身体的竞技活动，不能因为幼儿达不到要求而进行惩罚和责备。这样会极大地挫伤幼儿对体育活动的积极性，甚至对体育活动产生恐惧感。换言之，教师要充分考虑幼儿的特点和需要，以游戏为基本活动形式，增强体育活动的趣味性，让每一个幼儿充分体验到参与体育活动的成功与快乐。

二、幼儿体育游戏

（一）体育游戏概述

体育游戏以走、跑、跳、投、平衡等基本动作为主要内容，并且有一定角色、情节和规则。它运用游戏的形式进行身体训练，通过反复练习发展人的走、跑、跳、平衡、钻爬和攀登等基本动作，提升幼儿的速度、耐力、灵敏度。同时，体育游戏还可培养幼儿的思维能力、创造力和竞争力。体育游戏的基本内容应包括与发展感知能力有关的运动游戏，与发展思维有关的游戏，与发展语言及艺术素养有关的运动游戏，与发展情感及意志品质有关的运动游戏，与发展反应、判断、快速适应能力有关的运动游戏，与发展人际交往、合作能力有关的运动游戏。体育游戏的形式很多样，可以概括为两大类：一种是直接开展体育游戏的活动，如小小飞行员、老猫睡觉醒不了、老鼠笼子等；另一种是以游戏的形式来组织各种身体练习的活动，如模仿性的游戏、竞赛性的运动和探索性的活动等。无论采用哪一种体育游戏形式，目的都是要设法使幼儿对体育游戏活动的过程和对身体活动的具体动作感兴趣，要注意发挥幼儿的主动性、积极性和创造性，并通过幼儿积极、主动的练习，促使他们的身体机能得到协调发展。

1.体育游戏的理论

随着社会的发展、教育改革的深化，社会对人的要求越来越高。21世纪是人才竞争的时代，而目前的幼儿就是21世纪的栋梁，国家需要他们去竞争、去拼搏、去创造美好的未来。因此，越来越多的教师、家长乃至社会各界都认识到了幼儿教育的重要性，提出了一切要从娃娃抓起才能培养出高素质、高水平人才的观点。身体的健康是竞争的基础，有了强健的体魄，人才能适应节奏越来越快的社会生活，才能参与日益激烈的社会竞争、世界竞争。因此，在幼儿教育中教师始终要把体育放在首位。《幼儿园工作规程》中也提出："促进幼儿身体正常发育和机能的协调发展，增强体质，促进心理健康，培养良好的生活习惯、卫生习惯和参加体育活动的兴趣。"根据幼儿的年龄特点，人们认为体育游戏是对幼儿进行全面发展教育的有效形式。体育游戏作为引导幼儿参加体育锻炼的手段，它既是幼儿最喜欢的活动，又是最符合幼儿身心特点，并能促进幼儿的生长发育、增进健康的活动。现对我国幼儿园体育游戏的相关理论做一定的搜集和整理，目的是为了能更好地开展体育游戏，推进幼儿教育的改革。

关于幼儿园体育游戏理论的框架，中外学者曾提出过许多不同的构想，如准备性体育理论、生活体育理论、体力主义体育理论、快乐主义体育理论等。这里的"快乐"不是一般意义上的高兴——因某种身心快感所引起的舒适性满足体验，而是积极参与的精神、对自我发展的肯定、乐观坦然地对待失败与困难并从中体验到个人内在的精神等。具体来讲，教师应创造条件，让幼儿有更多机会在积极的情景中获得正面的情感体验。

上述理论都对我国幼儿园体育理论与实践的建设产生过一定影响。但由于我国国情和幼儿身心发展的特殊性，我国幼儿园体育游戏的教学不能盲目照搬这些已有理论，而应认真地考察和分析它们的特殊性、产生的原因和存在的问题，有针对性地提出适应我国幼儿园体育教育改革的对策。

平和、乐观、豁达，是我国传统的人性教育所追求的境界。但现代社会生活中高竞争、高焦虑已开始越来越严重地腐蚀着教育，人性健康、心理健康问题已成为现实社会对教育的挑战。因此，人们认为在构建幼儿园体育理论框架时鲜明地强调"快乐主义"十分有必要。如果仔细且耐心地观察 3～6 岁的幼儿，会发现在与运动有关的游戏活动中，他们能长时间地保持充沛的精力，只要给他们机会，他们就会整天忙于玩耍并沉浸在好奇与惊讶、自信与自豪的感受之中。因此，幼儿园体育教育的途径应以运动游戏为主，因为游戏性体育教育能够较好地将运动实践、学习和娱乐有机地结合在一起，使幼儿在更多自主性投入、更多快乐体验的状态中自觉地参与身体锻炼，从而在更有效地增强体质的同时也更有效地养成良好的个性品质。[①]

2.体育游戏的现状

如今，人们越来越重视身体素质的培养，因而在实践活动中人们也越来越重视体育游戏的开展，并以研究体育游戏为突破口，不断地提高游戏的质量，探索出一种充分利用现有的活动场地，促进幼儿全面发展的新思路。

（1）体育游戏的研究成果

体育游戏的研究成果主要体现在以下四个方面：

①体育游戏内容

幼儿的体育游戏活动是围绕着幼儿体育游戏内容开展的，因此丰富多彩、精彩多样的体育游戏内容能够带给幼儿更好的体验，激发幼儿参与体育游戏的积极性。让幼儿爱上体育游戏，就可以让幼儿在游戏的快乐之中收获强健的体魄。我国幼儿教育学的专家学者认为幼儿体育游戏要以提高身体素质为落脚点，以幼儿的兴趣为切入点，制订符合幼儿年龄段特征的丰富多彩的体育游戏内容。体育游戏内容的设定要遵循循序渐进、由易到难的原则，还要根据体育课程开展的需求，制订形式多样的体育游戏。例如，课间体育游戏活动的时间较短，可以进行小型分散自选游戏活动；体育活动、户外集体游戏活动由于活动时间相对较集中，因而在内容上选择一些能促进幼儿全身大小肌肉动作协调发展的活动，如玩轮胎、推大球、上山坡、袋鼠跳、小小飞行员等。这些游戏不仅能够提高幼儿的灵敏性，还能够发展幼儿的耐力性和协调性。

②体育游戏器械

随着现代体育游戏的开展，传统的体育游戏器械已经不能满足幼儿的游戏需求了。因此，根据幼儿动作发展的需要，制作并使用户外体育游戏器械（如七彩石板、蹬轮、风车、轮胎、接力棒、滚环、风筝、跳袋、皮筋、长龙钻袋、晃板、高跷、小踩桶、沙袋、小飞机等）也是提高幼儿游戏积极性的途径之一。在游戏中，教师应注重发挥主导作用，根据幼儿的需要及时投放和更换户外体育游戏器械，并指导幼儿学会利用这些器械，确保幼儿能够在游戏中充分地活动。

---

① 方荟玲，张文娟.玩耍：幼儿最好的学习课堂 [M].长春：吉林大学出版社，2017：171.

③幼儿运动能力

幼儿体育游戏活动开展的目的是促进幼儿运动能力，如走、跑、跳、攀登、钻爬等能力的提升。因此教师在组织开展体育游戏活动时要对幼儿所需提升的运动能力了然于胸，然后才能在体育游戏活动中有针对性地进行指导，有效地提升幼儿的运动能力。

④体育教师指导

教师在体育游戏活动中充分发挥指导作用是提升体育游戏效果的关键，在体育游戏活动的具体实践中，教师指导的重点如下：

第一，教师要监督体育游戏的进行，并及时纠正幼儿的不当行为和不正确的动作，游戏过程中教师要注重强化对幼儿动作协调性的培养。

第二，教师在体育游戏中具有双重身份，第一重身份是指导者，第二重身份是游戏伙伴。教师既要在体育游戏中做好指导和调度工作，又要身体力行地加入游戏之中，与幼儿打成一片，并通过深入和幼儿的接触了解幼儿的特点，给予不同幼儿针对性的指导。

第三，教师要发挥评价指导对幼儿的引导作用，要根据不同年龄段幼儿的特征和不同游戏活动的特征，客观而具有针对性地对幼儿进行评价，多给予幼儿正向反馈。

（2）体育游戏的实践问题

①重基本动作的练习，轻身体素质的培养

纵观我国体育游戏开展的情况可知，不少教师在体育活动开展中过于重视幼儿基本动作的练习，而轻视了对幼儿身体素质的培养。例如，"肩上投掷"体育游戏中，教师通常将"肩上投掷"的方法当作教学的重点，而忽略了"肩上投掷"体育游戏对幼儿肌肉、灵敏性、协调性、目测能力等方面的提升作用。因而将"肩上投掷"体育游戏的重点放在了动作练习，而非身体素质提升上。

②重教师的课前设计，轻幼儿的主动参与

我国部分教师在课前花费大量的精力设计体育游戏，把整个体育游戏的过程都安排得十分详尽，准备工作做得极为细致，但却忽略了游戏参与的主体——幼儿。幼儿在此类体育游戏课程中陷入被动，一切听从教师的安排，缺乏自主选择游戏的权利和自主发挥的空间，长此以往将削弱幼儿参与体育游戏的积极性，影响体育游戏的效果。

③创新意识简单化，探索动作机械化

有的教师片面强调创新的作用，对一切体育游戏都要创新，但有些简单的游戏根本没有必要创新。也有些教师只以不断复述要求的方式来催促幼儿探索，在缺乏有效指导的情况下，幼儿的探索活动容易流于形式，走向机械。这些教学方式都不利于激发幼儿的兴趣。

实践证明，社会各界对 MQ 的重视度高于对 IQ 和 EQ 的重视度，因此体育游戏要培养良好的 MQ。但可惜的是，现在大多数教师都只重视运动方面的知识和身体适应能力的培养，常忽略态度和道德习惯的培养。因此，幼儿园体育教师应根据现代幼儿发展的需要，保留体育游戏活动在场地、材料、玩法等方面的优势，在内容、形式上进行改编、创新，扬长避短，尽量减少幼儿在游戏中等待的环节，使幼儿园体育游戏更丰富，为我国的健康教育奠定坚实的基础。

（二）体育游戏作用

体育游戏主要是指以人体运动为主要形式的游戏，幼儿进行体育游戏有助于培养优良的品质，如在体育游戏中学会团结、坚毅、遵守纪律等。丰富多彩的体育游戏极具趣味，深受幼儿的喜爱。我国幼儿体育教学中多采用体育游戏的形式来提升幼儿的身体素质，提高幼儿的体育运动能力。体育游戏这种教学形式可以让幼儿在趣味、轻松的环境中养成体育运动习惯，也有助于激发幼儿自主运动的积极性。

第二章 幼儿园体育教学的意义、目标与内容

幼儿园体育教学在整个幼儿教学中起到了非常关键的作用，它为幼儿的道德教育、智力教育和美育教育奠定了坚实的基础。因此，要充分了解幼儿园体育教学的意义、目标和内容，才能在开展体育教学的过程中更有针对性地开展工作，设计出更加科学的幼儿园体育活动，取得更好的教学效果，促进幼儿的身体健康和相关运动技巧的提升，进而使其心理也得到积极的发展，为其以后的义务教育和全面发展打下坚实的基础。

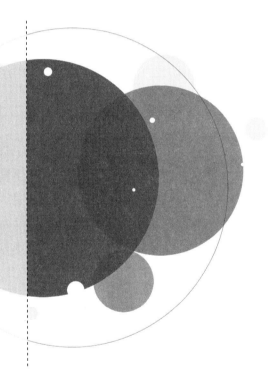

第一节　幼儿园体育教学的意义与目标

一、幼儿园体育教学的意义

幼儿园体育教学主要是依据 0 ～ 6 岁儿童身体成长发育中的特点和客观规律而开展的一系列增强幼儿体质、培养其运动能力以及身心素质，使其健康水平得到一定提升的教育活动。

幼儿园体育教学指的是教师制订一系列有目的、有计划的体育活动，能够增强幼儿的活动参与积极性，提高幼儿的身体素质和心理素质的相关教学工作。

幼儿园体育教学在幼儿教学中占据着十分重要的地位，这是因为幼儿生存的物质基础正是一个健康的身体。只有让幼儿拥有健康的体魄，才能实现他们的健康成长，为他们接受全面发展的教育保驾护航。

教育部在2015年12月14日公布的《幼儿园工作规程》（以下简称《规程》）中明确表示"幼儿园的任务是：贯彻国家的教育方针，按照保育与教育相结合的原则，遵循幼儿身心发展特点和规律，实施德、智、体、美等方面全面发展的教育，促进幼儿身心和谐发展。"[①]正是这一文件明确了体育教学在幼儿教学工作中的先导地位和关键性。积极开展幼儿园体育教学有着非常重要的意义，主要体现在以下三点：

（一）有助于幼儿身体的健康发展

幼儿时期，儿童的生长发育速度极快，身体内的细胞和组织系统形态结构不断地产生分化，功能日趋完善；而体内各个器官、系统以及身体的质量也在不断地增加，体积飞速增长，也就是我们常说的"长身体"。结合幼儿的这些

---

① 柳阳辉.学前教育学教程［M］.上海：复旦大学出版社，2015：59.

生长特点，设计一些和他们的身心特征相符合、充满趣味性的体育活动，能够非常有效地促进其生长发育，锻炼并提升他们的基本活动能力，例如走、跑、投、跳等，使他们的身体更加灵活敏捷，拥有健康的体魄和匀称的体形。

1.促进幼儿身体形态发育

幼儿的身体形态主要指幼儿身体外部特征表现的形态，包括了身高、体重等形态元素。幼儿身高、体重等外部形态表现了幼儿的骨骼、关节、肌肉的特征。骨骼、关节、肌肉是人体运动的支柱性元素，体育运动促进幼儿身体形态发育也就是促进了幼儿骨骼、关节、肌肉等的发育。

（1）促进骨骼的生长

幼儿科学合理地参加体育锻炼能够有效地促进骨骼的生长，因为体育活动能够促进身体内部血液的循环，而加速循环的血液能够为骨骼带来更多的生长必需营养元素。骨骼细胞在丰富营养元素的支持下良好地生长，因此运动有益于幼儿长高。此外，长期进行足量的体育锻炼可以使幼儿骨骼的骨密度更大，骨骼更为强壮，骨骼的抗打击能力更强。

（2）促进关节的发展

长期的体育锻炼可以使幼儿关节处的肌腱更粗壮，关节韧带更强壮，由此提升关节的稳定性。

（3）促进肌肉的发展

幼儿在体育锻炼过程中肌肉的工作量要远比休息状态的工作量大，肌肉的运动使血液循环加速，增强血液存储和运输蛋白质的能力，促进幼儿肌肉纤维的生长，使肌肉更为结实，肌肉的力量更大。

2.促进幼儿心肺功能的完善

幼儿的心脏处于不断生长的过程中，并未完全发育。幼儿如果能够多参与到体育活动中，对其心血管的机能、结构以及形态发展都会起到良好的促进作用。这是由于在进行各种体育活动时，幼儿身体会需要更多的氧气，加大了心肌细胞的收缩力，时间一久，心肌就会变得强壮有力。另外，运动时肌肉在不断运动和挤压，使回心的血流量增加，心脏的容积也增大。这些变化都会使幼儿心脏每跳动一次所输出的血液量增加，使心脏的工作能力得到提升，幼儿在进行日常学习、参与游戏的过程中就能有旺盛的精力，不易感到疲劳。

体育运动对幼儿肺部功能的完善主要体现在对其肺活量的提升上。人体内部肺的最小单位是肺泡，借由这些肺泡来完成体内和外界的气体交换。而幼儿参与体育运动时，身体需要更多的氧气，呼吸频率也会增加，每一次呼吸时进出肺泡的气体量也有一定的增加，通气肺泡的数量也相应变多，肺活量自然也得到了提升。

3.提升幼儿身体适应力

人为了生存，会自动地去适应外界不断变化的环境，这些变化或者来自于自然环境，或者来源于社会环境，人会依据这些变化对自身做出调节，来保证身体内部不至失衡，这种能力就是身体的适应力。通常情况下，人是可以通过基础调节来适应环境的一般变化，但是如果环境变化过大，人体不能调节并被迫承受这种变化时，就非常容易受到疾病的侵袭。由于幼儿的体育教学大多在室外进行，因此幼儿在参与的过程中能够和自然环境充分接触，例如水、阳光、空气、草木等，且在变化的外界环境中进行身体锻炼，能够逐渐适应自然环境带来的变化，提高自身的适应力。

4.提升幼儿的身体素质

幼儿身体素质通常是指幼儿在活动中所表现出来的速度、力量、耐力、平衡以及柔韧等方面的能力。生命在于运动，体育活动在人们的生活中具有重要的作用，通过体育活动可以提高幼儿的身体素质。

速度一般包括位移速度、动作速度和反应速度。如体育活动"老狼老狼几点了"，锻炼的就是幼儿的位移速度和反应速度。力量指身体某些肌肉收缩时产生的力量。根据幼儿的身体发育特点，幼儿的骨骼发育还不完善，肌肉容易疲劳。因此，不宜进行长时间的力量训练。幼儿园可以结合幼儿的年龄特点和身体状况，合理安排内容多样化的力量练习，把力量训练融入游戏中，寓教于乐的方式更能激发幼儿对体育活动的兴趣。耐力是指幼儿长时间进行肌肉活动和抵抗疲劳的能力，如远足活动、晨跑活动等都有利于培养幼儿的耐力，但是幼儿不适合进行负重的耐力训练。幼儿的前庭平衡能力还没有发育完善，因此可以通过各种活动来锻炼幼儿对身体的控制能力，如走平衡木、荡秋千、轮滑等，从而促进幼儿平衡能力的发展。

（二）有助于提升幼儿的审美能力

在开展体育教学的工作中，教师要起到示范作用，不管是自身的仪容姿态，还是教学时的各种动作，都要讲究一定的艺术美感。此外，要合理地运用场地，把幼儿的玩具、器械也摆放得有美感，并结合自然环境对幼儿进行美育教育。这一阶段的幼儿正处于长知识的时期，模仿性和求知欲强，具有好问、好奇、好动的特点。教师的一举一动可能都会被幼儿模仿，而与其他的活动相比，体育活动所能带来的榜样作用更加明显。

大自然中有着无穷无尽的风景和新鲜有趣的事物，是对幼儿进行审美教育的绝佳课堂。体育教师可以制订详细的计划，组织儿童去郊外踏青、参加远足等活动，把体育教学和自然美结合起来，让儿童走出托儿所、幼儿园和家庭，开阔眼界，并在锻炼身体的同时陶冶情操，使得幼儿的审美能力得到一定的提升。

（三）有助于培养幼儿良好的意志力

一个人结合自身需要设定相应的目标，并为了实现这一目标开展各种行动，遇到困难不退缩并最终实现这一目标的心理过程，就是我们常说的"意志"。良好的意志品质使幼儿在未来的生活、工作中都能努力实现各个阶段的目标，对幼儿身心发展和取得一定的成功有着至关重要的作用。

实际上，人在幼儿阶段就已经有了意志品质的萌芽，例如对于自身喜好的物品或者运动，幼儿往往呈现出前所未有的积极性和坚持性。所以说，开展体育教学，引导幼儿参与各种体育活动，对培养幼儿的意志品质具有重要的意义。体育活动采取的方式是身体练习，而目的是增强体质，发展身体动作。在活动过程中，幼儿的身体必须接受一定的运动量与运动强度，承受因运动负荷的变化所引起的肌肉、骨骼、呼吸以及心跳等不适感，从而培养幼儿勇敢、坚强、不怕累和苦的意志品质。

二、幼儿园体育教学的目标

健康是一种在身体上和精神上的完满状态及良好的适应能力。健康包括身体和心理两个方面。幼儿的机体发育尚未成熟，机能不够完善，抵抗疾病能力较弱，对外界环境的适应力较差，心理发育也不成熟。同时，幼儿时期是身心发育的重要时期，科学的保育和教育有利于幼儿的生长发育和健康，对幼儿成长产生积极的影响。

（一）幼儿园体育教学的总目标

依据《幼儿园体育活动大纲》，开展幼儿园体育教学的目标可以被归纳为"通过科学的体育活动促进幼儿体、智、德、美各方面的协调发展为核心，以幼儿的全面、协调和未来的可持续、终身的发展作为出发点和落脚点，深入推动素质教育的实施，促进每一名幼儿获得全面的、基本的发展，为培养社会主义的建设者和接班人奠定良好的基础。"[①]

（二）不同班次幼儿园体育的教学目标

不同班次的幼儿园体育教学目标是不同的，并具有各自的特点。

1.小班的体育教学目标

小班的体育教学的目标主要有以下几方面：

①幼儿能够身躯挺直，姿态自然地行走和跑步；幼儿能够听指令走路和跑步；幼儿能够在规定范围内四散跑步和追逐跑步；幼儿具备行走一公里的耐力；幼儿具备连续慢跑半分钟的耐力；幼儿能够沿着画圈逐次行走；幼儿能够轻松地完成双腿交替走的任务。

②幼儿能够轻松完成双脚同时向前、向后跳的任务；幼儿能够从二十五厘米的高度向下跳。

③幼儿能够将双手同时向前、向后、向上、向下抛；幼儿能够单手完成投掷沙包向前的动作。

④幼儿能够保持身体的平衡走在中心线或窄道上；幼儿能够在宽二十五厘米的平衡木上保持平衡行走。

⑤幼儿能够钻过六十五厘米高的障碍物；幼儿能够手脚协调地向前、向

---

① 庄弼.幼儿园体育活动大纲[M].广州：广东高等教育出版社，2016：1.

后爬。

⑥幼儿能够听懂简单的口令，并及时反应做出相应的动作；幼儿能够在音乐之下模仿简单的体操动作。

⑦幼儿能够独自玩耍幼儿园的基本游乐设施，如滑滑梯、转椅等；幼儿能够推着独轮车平衡行走；幼儿能够完成基本的球类动作，如传球、滚球、拍球等；幼儿会使用简单的器械如绳子、棒子等进行身体锻炼。

⑧幼儿对体育活动有着较高的兴趣和积极性；幼儿能够基本掌握体育活动的规则，了解体育活动的安全注意事项；幼儿能够和同学一起合作收拾体育器材。

2.中班的体育教学目标

中班的体育教学主要有以下基本目标：

①幼儿能够根据信号指令以一定地节奏四肢协调地走路和跑步；幼儿能够根据指令要求变化速度走路和跑步；幼儿能够根据指令要求变化方向走路或跑步；幼儿能够踮着脚向前走和向后退；幼儿能够轻松地跨过较低的障碍物走路；幼儿能够在跑步的过程中绕开障碍物；幼儿能够冲刺跑步二十米；幼儿能够走路和慢跑交替运动两百米；幼儿能够在规定范围内追逐四散跑步；幼儿能够一次性步行一点五公里；幼儿的连续跑步时间能够达到一分钟。

②幼儿能够摆臂，连续性跳跃触摸上方二十厘米左右的物体；幼儿能够在直线两侧双脚跳跃前进；幼儿能够完成超过三十厘米的立定跳远；幼儿能够从三十厘米的高度跳跃而下，轻松落地；幼儿能够助跑跨越超过四十厘米的障碍物；幼儿能够双腿轮换连续性跳跃。

③幼儿能够挥臂超过肩膀并在挥臂时投掷较轻的物体；幼儿能够抛起并接住小球；幼儿能够双人合作互抛互接大球；幼儿能够使用滚动的球体去击打障碍物。

④幼儿能够在宽二十厘米的平衡木上行走；幼儿能够完成原地自转三圈的任务；幼儿能够闭着眼睛前进十步。

⑤幼儿能够轻松地钻过六十厘米高的障碍物；幼儿能够四肢着地地向前爬行；幼儿能够四肢配合地攀爬；幼儿能够团起身体打滚。

⑥幼儿能够轻松完成听取多种口令并做出动作的任务；幼儿能够根据信号

要求集合和解散；幼儿能够在音乐节奏的指示下做出基础的徒手操。

⑦幼儿能够自如地使用跷跷板、秋千等较大型的体育器械；幼儿能够学会骑三轮；幼儿能够发散思维用废弃材料制作体育器械，并开展体育活动。

⑧幼儿身体素质成长到能够抵御一定的寒冷和酷热，能够一定程度上忍耐饥饿和口渴。

⑨幼儿对体育运动具有热情，能够积极参与体育运动，初步养成较好的体育运动习惯，能够遵守体育运动的基础规则，能够在体育运动的过程中与伙伴互相协作。

3.大班的体育教学目标

大班的体育教学的主要目标如下：

①幼儿能够轻松自如地绕着障碍物呈曲线形走路或跑步；幼儿能够完成距离超过三十米的快速跑或接力跑；幼儿能够走路和慢跑交替运动三百米；幼儿能够走路达到两公里；幼儿能够连续跑步九十秒；幼儿能够听命令左右分开列队走。

②幼儿能够原地蹬地向上跳，能够连续纵跳触物（物体离幼儿举手指尖25厘米左右）；能双脚熟练地改变方向（前、后、左、右、转身）跳；能从35～40厘米高处自然地跳下，落地轻稳；能立定跳远，跳距不少于40厘米；能助跑跨跳，跳距不少于50厘米；能助跑跳远，跳距不少于40厘米；能助跑屈膝跳过高度约40厘米的垂直障碍；能连续向前跳跃多个高40厘米、宽15厘米的障碍物。

③能半侧面单手投掷沙包等轻物约4米远；会肩上挥臂投掷轻物并投准目标（如直径不少于60厘米的标靶，投掷距离约3米）；能抛接高球或两人相距2～4米互抛互接大球。

④能在宽15厘米、高40厘米的平衡木上变换手臂动作（叉腰、平举、上举等）或持物走；能两臂侧平举闭目起踵自转至少5圈，不跌倒；能两臂侧平举单足站立不少于5秒钟。

⑤能熟练协调地侧身、缩身钻过50厘米高的障碍物（如拱形门等）；能手脚协调熟练地在攀登架或肋木上爬上爬下，能在单杠或其他器械上做短暂的悬垂动作；能在攀登绳（棒）上爬高约15米；能熟练地在垫上前滚翻、侧

滚翻。

⑥能熟练地听各种信号迅速地集合、分散、整齐列队、变化队形；能随音乐节奏做徒手操和轻器械操，动作有力到位。

⑦会玩低单杠、秋千、脚蹬车或其他大型体育活动器械；会踩高跷、跳绳（50次以上）、跳皮筋；会运球、传接球、用脚踢（带）球；会用球、绳、棒、圈、积木、报纸、轮胎或其他材料开展多种身体锻炼活动。

⑧具有抵御寒、暑、饥、渴的能力和抵抗疾病的能力。

⑨热爱体育活动，有积极参加各种体育锻炼的习惯；能自觉遵守体育活动的规则和要求，合作、宽容、谦让、爱护公物，有集体观念；能克服困难，并体验克服困难取得胜利后的愉悦；能独立或合作收拾各种小型体育器材。

第二节　幼儿园体育教学的主要内容

在开展幼儿园体育教学的过程中，使用频率最高的方式就是动作的练习。结合幼儿的生长发育情况，通常把体育教学的重点放在以下五个方面——幼儿基本动作教学、幼儿体操教学、幼儿器械游戏活动教学、民族（民间）地域性体育活动教学、各类体育游戏教学。

一、幼儿基本动作教学

人在参与或实施社会实践的过程中所具有的基础技能以及维持日常生活必备的身体运动技能，即为人身体最基础的活动能力，简单地说就是基本动作。例如，跑步、走路、攀登、爬等动作，因为是在运动的过程中必然存在的，所以也可称为基本运动动作。幼儿的基本动作要想得到进一步发展，要考虑两方面的因素：一方面，家庭的遗传因素决定了幼儿身体的先天基础素质和后天发育的先后顺序和水平高度，是基本动作发展的基础和前提；另一方面，环境教育因素对于幼儿的基本动作发展有着很大的促进作用，而学校的体育教学工作显然属于环境教育因素的一种，因此要引起高度重视，使幼儿的基本动作能得到自然、健康、正常的发展。

（一）幼儿正确身体姿势教学

体育教学最基础的内容就是教导幼儿保持正确的身体姿势。

幼儿正确身体姿势：脊背挺直，收腹挺胸，头颈端正，目视前方，手臂自然摆放在身体前方或两侧，不含胸，不塌腰。

幼儿正确的坐姿：不跷二郎腿，不抖动腿和身体。

幼儿正确的站姿：身体不斜靠墙或家具，两腿略分开呈小八字，身体直立站稳。

（二）幼儿走步动作要领教学

走步是人生活中必需的、最基本的一种活动能力，是锻炼身体的最基本的手段之一，也是幼儿需要学习的基本动作技能之一。走步运动从本质上来说是一种具有周期性规律的有氧运动，加之走步运动的安全性高，十分适合幼儿。通过走步教学与练习，幼儿可以提升腿部肌肉力量；提高身体的协调能力；提升身体平衡水平；养成正确的走路姿势。

1.不同班次幼儿走步能力特点

（1）小班幼儿走步能力特点

小班幼儿走步时步幅较小，速度不均匀，蹬地力量弱而不均，落地较重，节奏感差；由于两脚力量不均匀，脚间距宽，导致身体左右摇晃，往往走不成直线。在排队的时候，3～4岁幼儿由于注意力分散，容易受外界事物的干扰而东张西望，时常会走出队伍。

（2）中班幼儿走步能力发展特点

中班幼儿走步时步幅已经稳定，动作也趋于平稳，能够养成属于自己的走步节奏。此阶段的幼儿能够在教师的指引下排队依循节拍走步，但是节奏感不够强，节奏的调节能力尚处于较弱的阶段。

（3）大班幼儿走步能力发展特点

大班幼儿走步时动作比较协调，身体状态轻松而自然，步伐平稳而有力，个人走步特点已经初具雏形。此阶段的幼儿在排队走步时已经具有较强的节奏感，能够根据节奏的变化调节自身的步伐幅度、迈步频率和走步速度。

2.不同班次幼儿走步动作要求和游戏

教师可以以游戏的形式发展幼儿走步动作和能力，使幼儿能够深入体会到走步所带来的运动的乐趣，在促进幼儿身体健康发展的同时，也满足幼儿的心理成就需求。不同班次幼儿走路的要求和参考游戏如表2-1所示。

表2-1　不同班次幼儿走路的要求和参考游戏

班次	走路动作要求	参考游戏
小班	上体正直自然走； 一个跟着一个走； 听信号向指定方向走等。	跟着小旗走； 跟着老师（或排头）走； 开火车； 坐飞机； 吹泡泡等。
中班	上体正直； 上下肢协调地走； 听信号有节奏地走； 听信号变速走等。	捡豆豆； 信号灯； 听鼓声或掌声走； 持物走。
大班	听信号变换方向走； 步伐均匀、有精神地走； 一步一步整齐地走等。	找朋友； 学做解放军； 两人三脚走。

3.幼儿走步动作教学要点

根据幼儿身心及动作发展特点，在游戏中有目的、有计划、有针对性地发展幼儿走的动作，提高走的能力。建议注意以下四点：

（1）综合利用多种走步练习形式，帮助幼儿发展腿部力量，提高走步能力

种类丰富、形式多样的走步练习能够有效地提高幼儿走步的积极性与趣味，增强幼儿腿部肌肉的力量，发展幼儿走步的能力，根据不同的活动目标，可选用高人走（用前脚掌走）、矮人走（蹲着走）、大步走、小步走、持物走、倒退走、左右交叉走、越过障碍走、变换速度走、变换方向走、模仿动作走等等。

（2）充分运用游戏开展走步教学

针对幼儿身体发育和心理发展的特点，只有在游戏中练习走的动作，才能收到较好的效果。但由于幼儿肌肉力量较弱，自我控制和调节能力较差，往往在活动中只注意游戏的情节和角色，不注意动作的正确姿势，此时，则需要提

醒与指导。也可以利用游戏和竞赛的形式和方法，比一比，看谁走得最精神，则请他到队伍前面当排头，即游戏"跟着排头走"。

（3）创建良好的环境

在幼儿走步游戏活动中，创设安全、优美的环境，十分重要。因为，只有在安全、优美的环境条件下练习走步动作，并鼓励幼儿大胆实践、不怕摔跤，幼儿才能逐步学会独立行走。

（4）提升教师的专业素养

教师要从自身出发，提升专业素养，加强理论学习，熟悉掌握各班次幼儿动作的发展特点。日常教学中，要善于观察幼儿活动行为，重视培养走步的正确姿势，及时发现问题，采取应对措施。缺乏经验的教师多向经验丰富的教师学习，逐渐积累经验，注重理论与实践的结合，多实践，多反思，多总结。

（三）跑的动作要领教学

跑步运动中人体以较快的速度进行位移，并伴有身体腾空的动作，属于调动周身肌肉的周期性有氧全身运动。人类在日常生活中必须具备一定的跑步能力，而跑步也是人锻炼身体的有效方法，幼儿需要习得跑步的基本动作要领。幼儿跑步动作应逐步做到上体正直稍前倾；积极向前抬腿、用力后蹬，落地轻而稳；两手半握拳，两臂屈肘前后自然摆动；眼看前方，用鼻子或口鼻同时呼吸，自然而有节奏。集体跑步时，学会保持适宜的间隔距离。幼儿进行跑步动作的练习，在身体层面上可以有效地增强体质健康水平，提高腿部的肌肉群的力量，提高反应的速度、身体的灵敏度和全身肌肉的协调性，还可以促进心血管健康；在精神层面上，跑步有助于培养幼儿拼搏的精神和坚持的耐心。

1. 不同班次幼儿跑步能力特点

（1）小班幼儿跑步能力发展特点

小班幼儿跑步时，步幅较小，速度不均匀，蹬地力量弱，落地较重，两脚力量不均匀。控制方向的能力较差，稍有碰撞或地面不平整时容易摔倒，而且往往跑不成直线。

（2）中班幼儿跑步能力特点

中班幼儿跑步动作和能力发展迅速，耐力和速度明显进步，步幅已较稳定，动作也较平稳，在排队跑步时已能随节拍走。

（3）大班幼儿跑步能力发展特点

大班幼儿已能逐步掌握跑步的基本特点。跑步时轻松、有节律、动作较协调，腾空阶段较为明显，步幅增大，控制跑步的能力显著提高，在跑步时，转身、停、躲闪都比较灵活。幼儿跑步时动作灵活性、协调性和躲闪能力明显提高，已能初步调节跑步的速度。

2. 不同班次幼儿跑步动作要求和游戏

以游戏的形式发展幼儿跑步动作和能力，使幼儿在跑步的游戏中体验参加体育活动的乐趣，不仅使幼儿身体得到锻炼和发展，而且也能满足幼儿心理需求，符合幼儿年龄特点。

不同班次幼儿跑步的要求和参考游戏如表 2-2 所示。

表 2-2　不同班次幼儿跑步的要求和参考游戏

班次	跑步动作要求	参考游戏
小班	一个跟着一个跑； 听信号向指定方向跑或沿着规定路线跑； 在规定范围内四散跑； 100 米跑或走跑交替等。	我的车号 103； 老猫睡觉醒不了； 小孩小孩真爱玩； 小马跑； 喂小动物等。
中班	绕障碍物跑； 在一定范围内四散跑； 15～20 米快跑； 接力跑； 100～200 米慢跑或走跑交替等。	捉星星； 太阳和雪花； 插红旗； 老狼老狼几点了； 狡猾的狐狸在哪里等。
大班	听信号变速跑或变换方向跑； 四散追逐跑、躲闪跑； 20～25 米快跑； 在窄道上跑； 高抬腿跑、大步跑； 200～300 米慢跑或走跑交替等。	夺红旗； 接力跑； 人、枪、虎； 大鱼网； 机器人； "8"字接力赛； 穿过小树林。

3. 幼儿跑步运动中的常见问题

（1）幼儿跑步姿势不正确

由于身体协调性发展不完善，幼儿在跑步时会出现步伐不均匀、落地重、直臂摆动等现象，导致身体左右横摆，重心不稳。

（2）幼儿跑步时呼吸方式不正确

幼儿跑步时会出现张开嘴巴呼吸的现象，容易造成口舌干燥，灰尘和冷空气刺激咽喉，引起咳嗽和气管炎。

（3）教师组织跑步活动时不重视热身运动

当孩子在进行跑步运动时，部分教师认为这是一种无目的、自发性的活动，忽略活动前要进行充分的热身运动，这容易造成幼儿肌肉拉伤和关节受损。

4.幼儿跑步动作教学要点

根据幼儿身心及动作发展特点，在游戏中有目的、有计划、有针对性地发展幼儿跑步动作，提高跑步能力，建议注意以下四点：

（1）运用多种游戏提高幼儿跑步能力

根据不同的活动目标，通过各种跑的游戏，发展幼儿腿部力量和跑步的能力，可以选用高抬腿跑、跨大步跑、各种追逐跑等游戏。

（2）保障幼儿安全

跑的游戏活动中，要随时观察幼儿的脸色、情绪、呼吸、汗量等，以便调节、掌握好运动负荷；快跑后，要充分做好放松、整理活动，以利于幼儿消除疲劳。

（3）教导幼儿掌握正确的呼吸方式

在跑的游戏活动中，指导并教会幼儿正确地呼吸，逐渐使其呼吸自然而有节奏。

（4）带领幼儿做好热身运动

跑步前，教师要带领幼儿进行充分的热身与拉伸运动。幼儿跑步之前，要进行充分的热身运动，重点活动腿部、脚踝、膝盖等部位；跑步后再进行放松运动，进行热身和放松可以避免幼儿运动损伤的情况。

（四）跳的动作要领教学

跳跃是两腿用力蹬地，使身体腾起一定高度和远度，轻轻落地的一种非周期性动作。幼儿跳跃动作的发展和能力的提高，不仅能增强腿部肌肉力量，发展幼儿的弹跳力和灵活性，提高动作的协调性、稳定性和平衡能力，而且对幼儿的视觉运动能力的发展，也具有积极的促进作用。

以游戏的形式发展幼儿跳跃动作和能力，使幼儿在跳跃游戏中，体验参加体育活动的乐趣，不仅使幼儿身体得到锻炼和发展，而且也能满足幼儿心理需求。因为幼儿不仅喜欢跳跃，而且还常常以欢呼跳跃来表达自己欢愉的情绪、情感。丰富多彩的跳跃游戏活动，还有利于培养幼儿勇敢、果断、顽强的意志品质和活泼开朗的性格。

1.不同班次幼儿跳跃能力特点

（1）小班幼儿跳跃能力特点

小班幼儿由于腿部力量弱，身体协调能力差，跳跃时距离较短，高度较低，速度不均匀，落地较重，两脚力量不均匀，控制方向的能力和平衡能力较差，很难按照标记的直线或曲线跳跃，稍有碰撞或地面不平整就容易摔倒。

（2）中班幼儿跳跃能力特点

中班幼儿随着腿部力量及身体协调能力的提高，跳跃能力发展迅速，耐力和速度明显进步，能坚持跳跃一段时间和距离。跳跃过程中，动作较平稳，能沿直线或曲线跳跃前进。

（3）大班幼儿跳跃能力特点

大班幼儿跳跃动作比较协调，平稳有力，落地声音较轻，动作的灵活性、协调性以及在跳跃过程中的躲闪能力明显提高，在教师的指导下能掌握多种形式的跳跃。

2.不同班次幼儿跳跃动作要求和游戏

不同班次幼儿跳跃的要求和参考游戏如表 2-3 所示。

表 2-3　不同班次幼儿跳跃的要求和参考游戏

班次	动作要求	参考游戏
小班	双脚连续向前跳； 原地纵跳的同时用头触物； 从一定高度往下跳； 双脚跳过一定远度等	大皮球； 小白兔拔萝卜； 猫和麻雀； 放鞭炮
中班	原地纵跳触物； 单脚连续跳； 两脚交替跳； 助跑跨跳； 立定跳远； 由一定高度往下跳等	小猴摘桃子； 小青蛙捉害虫； 跳水运动员； 山沟里的狼； 跳格子
大班	直线两侧行进跳； 向前、后、左、右变换跳； 转身跳； 助跑跨跳或跳过一定高度； 跳绳； 跳皮筋； 跳蹦床等	小青蛙跳荷叶； 跳房子； 跨步接力赛 跳绳比赛； 跳皮筋比赛； 跳过石头过河等

3.幼儿跳跃动作的常见问题

幼儿跳跃时的常见问题有以下四点：

①幼儿在跳跃时，两脚或双腿蹬伸不充分，也不会摆臂助跳，易出现起跳高度或远度不够的现象。

②幼儿双脚蹬地时用力不均匀，向上屈大腿时会向后屈小腿，双脚落地不同时。

③幼儿双脚落地时不会屈膝缓冲，落地重。

④教师教学时只注意摆臂动作，忽视腿的蹬地或蹬摆动作。

4.幼儿跳跃动作教学建议

根据幼儿身心及动作发展特点，在游戏中发展幼儿跳跃动作和能力，教学中建议注意以下三点：

（1）循序渐进

由于跳跃动作内容丰富、形式多样，练习中根据幼儿实际能力和水平，做到动作由易到难、由简到繁，距离由近到远、由高到低，因人而异，逐步提高要求。

（2）重点关注起跳和落地

起跳是决定跳跃速度、远度和高度的主要因素；落地轻、稳，保持平衡，是保证活动安全的重要条件。因此，在跳跃游戏活动中，正确地起跳和落地，十分重要。

（3）创造一个卫生良好与安全的跳跃游戏环境

在跳跃游戏活动中，要提供安全、卫生的活动场地、条件，尽可能在泥土地、沙土地、草坪等较松软的场地上活动，确保活动安全。

（五）投掷动作要领教学

投掷是将物体投（或抛、掷）向一定距离的动作，也是非周期性动作。它既是人们日常生活中必不可少的一种实用技能，又是幼儿情绪宣泄的一种特殊的动作形式（扔东西），也是锻炼身体的重要手段之一。

练习投掷动作，不仅可以增强幼儿上肢、胸、腰、背等部位的肌肉力量，提高上肢部位各关节的柔韧性、灵活性，促进动作的准确性、协调性；而且还可以发展幼儿的目测力、判断力，提高视觉运动能力。

投掷动作练习比较单调、枯燥，对幼儿来说，只有以游戏的形式进行练习，才能收到较好的效果。

1.投掷动作的类别

根据动作用力方法的不同，投掷可分为挥掷类、推掷类、拍球和接球类。挥掷类包括肩上投掷、肩侧投掷、一手下方投掷、双手头上投掷。推掷类包括胸前传球，单、双手将球推至指定目标等。

投掷动作形式主要有：单手肩上投掷、单手低手投掷、双手腹前投掷、双手头上投掷、双手胸前投掷等。

2.不同班次幼儿投掷能力的特点

（1）小班幼儿投掷能力特点

小班幼儿投掷时身体各部位不协调，不太会挥臂，投掷出手的角度和投掷的方向掌握不好，动作不够协调，多余动作多，力量小，不精确，容易忽左忽右、忽上忽下。小班幼儿肌肉力量弱，投掷距离较近。他们已能初步掌握双手头上、双手腹前、原地肩上等的投掷动作。

（2）中班幼儿投掷能力特点

中班幼儿投掷能力有了较好的发展，逐步学会挥臂、甩腕等动作，全身能够较协调地用力，投掷距离比在小班时有所增加，投掷出手的角度和投掷的方向的准确度明显提高，但出手的角度仍偏小，投掷方向不稳定。他们已掌握正面肩上单手，双手头上、胸前、腹前等投掷动作。

（3）大班幼儿投掷能力特点

大班幼儿投掷能力发展得较快，投掷动作协调而且有力，投掷距离和投准明显提高。男女幼儿投掷能力有明显的差异，男孩比女孩投掷能力要强一些。他们已初步掌握侧向肩上投掷、花样拍球、传接球、走动拍球、侧面站立肩上投掷等技能。

经常练习投掷的幼儿，动作比较协调有力，但欠缺准确性和动作连贯性。

3.不同班次幼儿投掷动作要求和游戏

不同班次幼儿投掷动作的要求和参考游戏如表 2-4 所示。

表 2-4　不同班次幼儿投掷动作的要求和参考游戏

班次	动作要求	参考游戏
小班	双手或单手自然向前上方或远处挥臂投掷正面肩上投远。	赶小鸭； 滚球过门； 抛气球； 投飞镖。
中班	正面肩上投远； 滚球击物； 打前方投掷架上的"物体"等。	投过小河； 火箭上天； 赶小猪； 小猎人等。
大班	侧面肩上投远； 将物体投进固定目标（小网兜、篮筐）； 投活动目标； 投圈套物等。	看谁投得远； 看谁投得准； 打狐狸； 奔向月球； 套圈比赛等。

4.幼儿投掷动作教学要点

投掷是一种顺畅的完整动作，无论哪一环节出现问题，都会破坏动作的协调性和连贯性，掌握技能是关键。除此之外，根据幼儿身心及投掷动作发展特点，在教学游戏中发展幼儿投掷动作和能力，建议注意以下四点：

（1）运用多种游戏形式和方法开展教学

运用多种游戏来增强幼儿上肢、腹、背等部位的肌肉力量，并注意与跑、跳等动作相结合进行练习。这样，不仅提高了幼儿的练习兴趣，而且还增加了运动负荷，同时又使身体得到全面锻炼。

（2）在投掷游戏活动中，要经常变换投掷物

常用的投掷物有小球、小沙包、小纸标、线团、纸团等，既要注意投掷物由轻到重，又要注意投掷距离由近及远、靶子由大到小，逐步提高要求，使幼儿在不断成功的基础上增强练习兴趣，提高投掷能力。

（3）合理利用自然环境和条件

教师可以带领让幼儿在自然的投扔活动中，发展投掷能力，提高练习兴趣，但必须注意安全，如"打水漂"等。

（4）确保幼儿安全

投掷还应特别注意对幼儿进行投掷物性能和投掷场地秩序等安全因素的认

知教育和安全意识、安全行为的养成教育。

（六）幼儿支撑动作教学

幼儿经常会自然地运用到支撑动作，如幼儿在爬的过程中用双手或双臂支撑起头部、颈部和身体，往前或往左右移动。幼儿用膝盖和手臂来支持身体爬行，使用腿支撑身体站立和行走，用胳膊或腿支持身体形成更复杂的身体运动或身体动作，都是支撑动作的重要体现。

支撑动作有助于幼儿四肢肌肉和腰腹部力量的发展，特别是上肢和肩部肌肉、韧带的力量，促进其双臂肌肉力量的平衡发展，同时增强身体平衡能力、协调度和柔韧性。在游戏或生活情境中进行支撑运动锻炼，能有效地发展幼儿各部位的能力，使各部位肌肉、韧带均得到发展。

1. 支撑动作的类别

支撑从运动形态上可以分为静态支撑和动态支撑。静态支撑主要练习上肢和腹部的力量，可以作为动态支撑练习的辅助动作。动态支撑可增强上肢和腹部力量，提高身体的协调性。爬行是一种很好的动态支撑，可以练习手脚配合，如手脚爬、匍匐爬、蜘蛛爬，或按照不同方位向前爬、侧身爬和向后退。

支撑动作形式主要有低支撑、低支撑移动、高支撑、高支撑移动、支撑摆动、短暂倒立、支撑跳跃、侧手翻等。

2. 不同班次幼儿支撑动作的特点

（1）小班幼儿支撑能力特点

小班幼儿四肢力量还很弱，身体平衡性较差，可以进行简单的支撑，如双手支撑、手膝支撑等。

（2）中班幼儿支撑能力特点

中班幼儿四肢较有力，可以掌握手肘支撑、交换支撑和手脚支撑等动作，能通过支撑作用完成向前、向后、侧面爬和手脚着地爬、匍匐爬等动作。

（3）大班幼儿支撑能力特点

大班幼儿身体协调性、平衡性及四肢力量较中班时提高很多，可以掌握双手臂支撑，如身体腾空双手臂撑双杠，还可以通过支撑完成一些高难度的动作。

3.幼儿支撑动作教学要点

（1）保证幼儿安全

在完成高难度支撑动作时，要确保周围场地的安全，做好防护措施。

（2）注重整体性与差异性

由于幼儿身体发展不同，能力也有所不同，活动中既要关注幼儿整体性，又要注重个别差异，循序渐进，由易到难。

（3）激发幼儿活动的兴趣和积极性

同时，教师在组织活动时，要充分利用各种器材，创设合理有趣的情境，设置符合幼儿发展水平的不同难度的游戏，激发幼儿活动的兴趣和积极性。

（4）细心教导

教师在组织活动前，要熟练掌握支撑动作的要领，必要时做分解动作示范，同时要注重观察幼儿的心理状况，多对孩子进行语言鼓励，帮助其克服恐惧心理。

（七）幼儿爬的动作教学

爬是幼儿最早掌握的身体移动技能，也是幼儿非常喜爱的一种身体活动。婴儿七八个月大时，便开始用腹部着地爬，并逐渐学会了手、膝着地爬。幼儿时期，手、膝着地爬的动作一般掌握得比较好，动作也比较灵活、协调，而手、脚着地爬以及爬越的动作显得有些笨拙，但经过多次练习后，这类动作也能变得比较灵敏协调。

1.幼儿爬的基本动作

幼儿爬的动作种类很多，有手、膝着地爬，手、脚着地爬，肘、膝着地爬以及俯卧在地上的匍匐前进等。在爬的过程中，如果遇到障碍物，又有爬越和钻爬的动作。无论哪种形式的爬都要求做到动作灵活、协调。

2.不同班次幼儿爬的动作要求和游戏

不同班次幼儿爬的要求和参考游戏如表 2-5 所示。

表2-5　不同班次幼儿爬的要求和参考游戏

班次	动作要求	参考游戏
小班	手、膝着地协调地爬； 手、脚着地爬； 钻爬越过障碍物等。	乌龟赛跑； 蚂蚁搬豆。
中班	手、脚协调地爬； 爬越障碍物等。	小猴摘桃；小蚂蚁进洞。
大班	协调地爬越障碍物； 不触障碍物等。	爬越障碍物赛跑；爬过铁丝网。

3. 幼儿爬的动作教学要点

（1）科学安排练习动作

教师要顺应幼儿体能与动作发展规律，科学地安排该类动作练习。做到动作由易到难、由简到繁，器械由低到高，逐步提高要求。例如，先做正面钻的动作，再做侧面钻的动作；先做手臂着地爬，再做手、脚着地爬；先在较低的器械上做攀上爬下动作，再上较高的器械上做攀上、钻爬或向左、右攀爬等动作；先做混合悬垂和支撑，再做单纯悬垂和支撑；先熟练掌握各种滚动动作，再学习前滚翻动作，切不可急于求成。

（2）创造良好的练习条件

爬的动作比较简单，一般不会有危险，但要为幼儿提供适宜的练习条件，让幼儿尽情地自由发挥自己的想象力和创造力，练习各种形式的爬的动作。例如，进行爬的练习时，可启发幼儿做"乌龟爬""螃蟹爬"（向左、向右横着爬）以及"蝎子爬"等，以引起幼儿练习兴趣。

（八）幼儿滚翻动作教学

俗话说"三翻六坐"，3个多月的婴儿已会翻身打滚，也就是翻滚。幼儿园阶段的孩子非常喜欢翻滚这项运动，也敢于尝试不同的翻滚形式。

翻滚是幼儿身体灵活性的基础训练，幼儿练习翻滚动作，除了能增强身体素质，提高腰腹肌的力量外，还能帮助他们减少在激烈对抗下受伤的风险。幼儿生性好动，多种形式的翻滚可以提高他们参与体育活动的兴趣和积极性，是增强幼儿体能、提高幼儿专注力的训练法宝。

1.滚翻动作的类别

翻滚可分为主动翻滚和被动翻滚，主动翻滚是幼儿自己翻滚身体，被动翻滚则是在滚筒中进行身体的翻滚，一般活动以主动翻滚为主。动作形式主要有侧身翻滚、团身前后翻滚、前滚翻。

2.不同班次幼儿滚翻能力特点

（1）小班幼儿翻滚能力特点

小班幼儿能初步掌握简单的翻身动作，但是一侧连续翻滚还不熟练，翻滚得较慢。

（2）中班幼儿翻滚能力特点

中班幼儿能进行两侧来回连续翻滚，但是在翻滚行进中易偏离原定路线。

（3）大班幼儿翻滚能力特点

大班幼儿逐步掌握各种翻滚动作，如侧身连续翻滚、团身翻滚，初步挑战前滚翻动作。

3.不同班次幼儿滚翻动作要求与游戏

不同年龄班幼儿滚翻的要求和参考游戏如表 2-6 所示。

表 2-6　不同班次幼儿滚翻的要求和参考游戏

班次	动作要求	参考游戏
小班	各种自然滚动	驴打滚
中班	团身前后滚动	滚雪球
大班	前滚翻成并腿坐	看谁翻得正

4.幼儿滚翻动作教学要点

（1）选择合适的教学时机

滚翻动作有一定的危险性，应在幼儿精力充沛、注意力集中、体力好的情况下进行练习。

（2）带领幼儿做好充足的准备工作

进行该类动作练习时，教师要带领幼儿做好充分的准备活动，特别是头颈部一定要做好准备活动，避免伤害事故的发生，确保活动安全。

（3）教学中注意个体差异

滚翻动作教学时要注重个体差异，根据幼儿身体素质及能力调整练习的难度，因人而异，因材施教。

二、幼儿体操教学

幼儿体操是以幼儿为主要对象，根据幼儿生理和心理特点，在音乐或歌谣的伴奏下，通过身体的头、颈、四肢、躯干等部位的协调配合，根据人体各部位运动的特点，有目的、有节奏地进行举、摆、绕、踢、屈伸、跳跃等一系列单一或组合动作的身体练习。幼儿通过基本体操训练可以改善其身体素质和反应能力，提高柔韧性、协调性、灵活性、独立性以及平衡能力，为今后的身心发展打下良好的基础。

幼儿体操是幼儿园体育活动中一种不可或缺的组织形式，对增强幼儿体质，促进幼儿身心健康发展具有重要的作用和意义，也是深受幼儿喜欢的体育活动之一。

（一）不同班次幼儿体操的特点

由于幼儿在身心发展方面具有一定的年龄差异性，因此在创编、选择和组织幼儿操节活动时，应充分考虑各班次幼儿的不同特点，以便通过有效的操节活动来促进幼儿身心的良好发展。

1.小班幼儿操节活动的特点

小班幼儿思维具体形象，喜欢模仿，具备了初步的理解能力和一定的记忆力，在成人的引导下，能做简单的模仿动作。为小班幼儿选择适宜的模仿操，模仿的角色和动作内容应活泼有趣，这样更能激发幼儿活动的兴趣。同时，由于小班幼儿的动作能力十分有限，做操时动作的协调性、准确性还较差，缺乏一定的空间感和节奏感，因此，操节动作内容较简单，重复较多，变化较少，每个动作完成的速度较慢，节数较少，活动量也较小。

2.中班幼儿操节活动的特点

中班幼儿的理解能力、记忆力和动作能力有了一定的发展，空间感知能力和动作的节奏感不断提高，能完成具有一定难度的操节活动，如简单的轻器械操、韵律操等。中班幼儿做操时，动作较协调、较平稳、基本到位。中班幼儿的空间方位和节奏感明显提高，操节的节数逐渐增多，活动量逐渐增大。

3.大班幼儿操节活动的特点

大班幼儿的认知能力、动作能力、自我控制能力以及集体意识有了较大的发展，尤其是手腕的力量有所增强，能学习并掌握具有一定难度的操节动作，如轻器械操（小旗操、筷子操、扇子操）、武术操等。大班幼儿操节活动的内容可以逐渐复杂、变化多样，动作难度可以逐渐加大。例如，可以加入摆、振、绕环、快速屈伸、变换跳跃和较多的手腕动作，操节数可以增加到6～8节，活动量逐渐增大。大班幼儿做操的主动性和积极性明显提高，做操时较有节奏感，动作质量有了较大的提高。

（二）幼儿体操的基本内容

幼儿体操的基本内容包括队列队形和幼儿基本体操这两个部分。

1.队列队形

排队是指全体幼儿按照教师的口令，排成一定的队形，统一协调地做同样的动作。队列队形的变换能为做操、上课、游戏等整理好需要的队形。

（1）队列

①立正

两脚跟靠拢，脚尖分开，两脚相距一脚长，两腿挺直，头正，两眼向前看，上体正直，两臂自然下垂，五指并拢，自然微屈。小班幼儿立正时，两腿自然站立即可。

②稍息

两脚侧开立，身体重心在两脚之间，两臂自然下垂或两手背后相握。

③看齐

横队向右看齐，右侧排头不动，其余幼儿两臂侧平举（掌心向下），依次看向右方幼儿下颚；纵队向前看齐，纵队排头不动，其余幼儿两臂前平举（掌心相对），逐次看前方幼儿的后颈。

④原地踏步走

上体正直，上下肢协调地踏步。大班幼儿应学会左脚起踏。

⑤齐步走

按教师口令，幼儿集体整齐地开始走步，上体正直，两臂前后自然摆动。大班幼儿应学会左脚起步。

⑥跑步走

听到预令后，两臂屈肘于体侧，两手半握拳（拳眼向上）。

听到动令后，起步自然跑。

⑦立定

听到动令后，两拍停下，呈立正姿势。小班幼儿只要求听到口令后能自然停下即可。

⑧向左（右）转

身体向左（右）转90度，同时左（右）脚以脚跟为轴向左（右）转动，然后右（左）脚跟上。中、小班幼儿脚的动作可不做统一的规定，能向指定方向转动即可。

（2）队形

①左（右）转弯走

排头幼儿在指定地点向左（右）转弯走，其余幼儿逐渐跟随行进。

②听信号切断分队

练习前，将一路纵队的幼儿分成前后人数相等的若干组，行进中听到口令后，每组第一名幼儿按教师指定的方向走，后面的幼儿跟随行进。

③听信号左右分队走

排头幼儿左转弯走，第二个幼儿右转弯走，后面幼儿依次左右转弯走，分成方向相反的两个一路纵队。

2.幼儿基本体操

幼儿基本体操可以分为模仿操、徒手操、韵律操和轻器械体操等类型。

（1）模仿操

模仿操是将动物的动作与姿态、成人的各种劳动动作、日常生活中的各类工作场景或是军事训练中的动作等挑选出来，编成形象生动又具有体育功能的体操动作，让幼儿模仿。在有趣的模仿中，有目的、有针对性地促进幼儿身体的发展。

模仿操适合于 3 ～ 4 岁小班班次的幼儿，而且深受幼儿的喜爱。具体可以分为动物模仿操、运动模仿操、生活模仿操、劳动模仿操、小兵模仿操等。例如，把 12 生肖的动物形态特征用鲜明的动作表现出来，就形成了一套动物模仿操；把洗衣服、洗菜、做饭、拖地等生活场景设计成生活模仿操；将军事训练的项目设计成小兵模仿操；把自然界的各种现象，如太阳高照、乌云密布、刮大风、下雨、下雪等，通过模仿把动作编成操节；各种植物的形态表现，如柳树、小草、小花、小河等，都可以作为模仿操的素材。

模仿操的特点是：形象性强，常常与歌曲内容相配合，易于幼儿理解、掌握；对动作的标准性要求不高，模仿得像即可；内容丰富多样，自由活泼，幼儿可以加入自己的表情和夸张的肢体语言，自由发挥，所以深受幼儿喜爱。

（2）徒手操

徒手操是指在不需要任何器械的前提下，靠身体和四肢去完成一系列相对较简单的身体动作练习（或肢体动作）。徒手操的特点是：身体姿势端正，队列排得较整齐；做操的动作和角度要基本保持一致；动作要有节奏、合拍，尽可能做准确。徒手操的基本动作顺序要求是：头颈→上肢→下肢→躯体。

①头部运动

头部运动以屈、转、绕为主要动作。

对应基本操节动作：点头、转头、头绕环。

②上肢运动

上肢运动以举、振、屈伸、绕环为主要动作。

对应基本操节动作：前平举、侧平举、上举、下举、侧上举、侧下举、后举；曲臂、展臂；平扩胸、后扩胸；肩部前后绕环、手臂前后大绕环。

③下肢运动

下肢运动以蹲、踢、弓步为主要动作。

对应基本操节动作：全蹲、半蹲；前踢腿、后踢腿、侧踢腿；前弓步、侧弓步。

④躯干运动

躯干运动以屈、转、绕为主要动作。

对应基本操节动作：体前屈、体后屈、左右体侧屈；以身体为轴心左右转体，以腰部为中心左右绕环等。

⑤跳跃运动

对应基本操节动作：双脚跳、单脚跳、左右开合跳、后踢跳等。

（3）韵律操

韵律操由一般徒手操动作和简单的律动或舞蹈动作结合而成，其节奏明快、韵律感强、动作活泼，能充分表现出欢快愉悦的情绪以及协调优美的动作姿态。这类操较适合中、大班幼儿做。

（4）轻器械体操

轻器械操是在徒手操的基础上，手持轻便的器械进行的体操活动。

幼儿轻器械操所使用的器械多种多样，如幼儿园常用的有哑铃、花棍、毛线编绳、棒、球、呼啦圈、小旗、花环、铃鼓、彩带等。还有一些是废旧物品及生活用品的再利用，如酸奶瓶、易拉罐、硬纸板（做成星星、花朵等）、报纸卷棒、手绢、扇子、筷子、小椅子等。

轻器械操除具有徒手操的基本动作要求之外，还要根据所选择的轻器械特点，做一些有器械配合的体操动作。如花棍操、筷子操可以有敲的动作；手绢操、小旗操可以有用力挥臂的动作等；球操可以有托球、抛球、运球等动作；圈操可以有举、套、钻、跳等动作。

（三）幼儿体操教学步骤

1. 做好教学准备

①教师事先要熟练地掌握每一节操的动作要领，并会按正确姿势做操。

②组织好幼儿做操的队伍。一般五六名幼儿站成一列，全班站成五六列，每一个幼儿左右保持两臂侧平举，前后一臂的距离对整齐。

2.开展体操教学

（1）完整示范

在教幼儿做操前，教师要完整示范全套操，包括正确的预备姿势，使幼儿对每一节操的预备姿势和操节的动作及顺序有初步的印象。教师示范时，站立的位置要选择全班幼儿都能看清楚的地方，一般以站在队伍前面正中间为宜。根据动作的结构和要求，可用正面示范、侧面示范、背面示范和镜面示范。一般多采用镜面示范，便于幼儿模仿。

（2）分节教学

教师要用简单、确切的语言向幼儿说明每一节操的动作要领，如"手半握拳，拳心向下"；有的操节需要上、下肢协调配合，如"两臂平屈交叉，两手扶肩，同时左脚侧出一步"。在教幼儿学这类动作时，可用分解法，先教手臂动作，再教腿的动作，最后再教完整动作。

（3）组织幼儿练习操节

幼儿在听懂、看清楚的基础上进行练习，学得快、记得牢。在练操过程中，教师发现幼儿对某些动作掌握得不够正确或记不清楚时，要提示幼儿及时改正。提示有时针对全班幼儿，如"挺胸抬头""眼睛看着手"等；有时是针对个别幼儿的，如发现某个幼儿两臂前平举时，两臂低了，可以提示说"某某把手臂再举高一点"，这样不仅能纠正个别幼儿的不良姿势，同时也能引起其他幼儿注意。教师还要具体帮助幼儿正确地做操，如走到幼儿身旁帮助把手臂伸直、拍拍膝关节帮助腿伸直等，使幼儿对体操动作的印象更加深刻。

（4）选择领操，在旁指导

当幼儿已学会全套操，并熟练掌握以后，中、大班可由动作较准确的幼儿领操；教师边喊口令，边巡回指导，纠正个别幼儿动作，以便提高全班幼儿的做操水平。

（四）幼儿体操教学要点

教师在开展幼儿体操教学时，需要注意以下四个要点：

①组织幼儿做操时的队形位置要合理，应选择让幼儿背风、背光的队形；并以让全体幼儿都能看到教师，教师也要能看到全体幼儿为宜。

②教师的示范要正确、优美；讲解要形象生动、有趣；口令要清楚、正确，声音响亮、有节奏，并用自己的情感感染幼儿。

③教师对幼儿体操活动要随时予以指导，用口头提示和具体帮助的方法及时纠正其错误动作；更要特别重视培养幼儿做操时身体的正确姿势，以及做动作的力度。

④各种动作中，可适当配上儿歌或象声词，以提高幼儿活动的兴趣，并能使其动作与呼吸配合。如模仿"小猫"里的胡须动作时，可发出"喵！喵！"的声音；模仿划船动作时，可说"摇呀摇"；做扩胸运动时，可发出"嘿！嘿！"的声音等等。

三、幼儿器械游戏活动教学

除了基本的动作练习和日常的体操、身体素质练习外，体育活动也经常需要借助各式各样的器械来帮助幼儿实现身体的锻炼。器械活动教学中，可以设计出如攀登架这样的大型体育器械，也可以组织类似车这样的中型器械，或者是球类玩具这样的小型器械，来展开内容丰富的游戏活动。此外，也可以利用各种替代性的或自制的器械进行身体练习活动，甚至可以利用假山、游泳池、树林、沙池等一切自然环境中可以利用的物质条件来对幼儿进行体育教学，促进其身体锻炼的效果。

（一）幼儿园体育教学中常用的器械

1.固定型运动器械

此类运动器械，主要是指一些不能移动的大、中型运动器械。其主要包括各种攀登架、滑梯、转椅、秋千、浪船、宇宙飞船、攀网、肋木、摇马、跷跷板、蹦蹦床、充气城堡、海洋球池、联合器械等。

2.中、小型可移动型运动器械

此类运动器械，主要是指一些能够搬动或可以移动的中、小型运动器械。其主要包括平衡木、拱形门、投掷架、木制台阶、小梯子、小三轮车、脚踏车、摇摇车、小手推车、滑板车等。

3.手持型运动器械

该类运动器械主要包括各种大小球类（皮球、塑料球、气球、乒乓球、儿童羽毛球、网球、木球等）、棍棒、橡皮筋、跳绳、塑料圈、小哑铃、小凳子、小椅子、小沙包、键子、小高跷、小竹马、铁环、各种小飞镖等。

（二）幼儿参与运动器械体育游戏活动的意义

运用各种体育运动器械进行游戏活动，有其特殊的意义和作用。因为各种徒手动作练习比较单调、枯燥，不容易引起幼儿的兴趣，难度也较小，相对来说，锻炼效果较低。幼儿不仅比较喜欢利用各种运动器械进行游戏活动，而且充分利用各种体育器械进行游戏活动也更有利于强身健体、健脑、健心。

①通过各种运动器械活动，能逐步培养幼儿的独立性、自主性。幼儿依靠自己的力量完成各种动作练习，从中体验成功的乐趣，并建立自信心，更喜欢参加体育活动。

②通过各种摇摆、颠簸类运动器械的体育活动有助于发展幼儿整个身体的动态平衡能力。幼儿在运动器械的不断变化中及时调整自己的身体位置，以保持身体的平衡；并且能够在实践中丰富感知经验，体验该类运动所带来的肌肉紧张与放松时的感觉，增强前庭器官的机能。

③通过各种大、中型运动器械进行攀爬、翻越、登高等活动，不仅能够增强幼儿身体各部分的肌肉力量，而且能够发展幼儿对身体的控制能力、平衡能力，提高动作的协调性、灵活性、稳定性，更有效地促进幼儿身体与运动机能的发展。

④通过各种大、中型运动器械（尤其是各种移动型运动器械）的活动，能为幼儿提供感知觉体验，并使幼儿获得视觉运动经验，从而更有效地促进幼儿空间知觉和判断能力的发展。

⑤通过丰富多彩的小型运动器械的活动，不仅能更好地调动幼儿参加体育活动的积极性，使幼儿身体得到全面的锻炼和发展，而且能使幼儿的动作更灵敏、更协调、更准确，还能培养幼儿团结友爱、互相帮助、集体合作的良好品德。

⑥通过各种大、中、小型运动器械的活动，能够更好地促进幼儿心理健

康，培养良好的品德。利用各种各样的器械游戏活动不仅能使幼儿感到新鲜、有趣，玩得非常开心、愉快、兴奋、自由自在，逐步形成活泼、开朗的性格，而且还能使幼儿不断克服胆怯、害怕、恐惧等心理障碍，增强自信心，培养勇敢、顽强的意志品质和自觉遵守游戏规则的良好习惯。

（三）不同班次幼儿参与器械活动与游戏的特点

1.小班幼儿参与器械活动和游戏的特点

小班幼儿活泼好动，好奇心较强，已具有初步的模仿能力，喜欢直接动手摆弄和操作运动器材，较热衷于进行熟悉的运动，尤其喜欢滑滑梯、荡秋千、玩转椅、骑小车、玩球等活动。幼儿虽然已初步掌握了走、跑、爬、攀登等基本动作，但动作的水平不高，平衡能力、动作的协调性与灵敏度还较差，力量不足，缺乏耐力，其他的基本动作尚未发展起来。

由于小班幼儿生活和运动经验不足，安全意识薄弱，自我保护能力较差，独立活动的能力也较差，而且缺乏和同伴交往的经验和能力，因此，他们通常只能在成人的协助和关照下，操作一些熟悉的运动器械，进行一些简单的运动，在运动时还需要成人的引导和指导。

小班幼儿具有一定的自我意识，他们喜欢拥有和同伴一样的器材，玩着同样的游戏，做着相同的动作，这样他们可以相互模仿，充分运动，并从中获得愉悦感和自主感。

2.中班幼儿参与器械活动和游戏的特点

中班幼儿活泼好动，乐于探索，随着运动机会的增多，认知经验和运动经验逐渐丰富起来，已逐步学会了各种基本动作，动作能力和身体素质有了一定的提高，因此，利用运动器械进行活动与游戏的能力有了较大的发展。他们不仅能理解运动器械的基本特征，掌握器械的基本玩法，而且能大胆想象，创造性地使用运动器材进行操作、组合和探索，使动作方式和游戏内容不断丰富。例如：不满足于只有两种功能的器械，开始喜欢玩组合型的运动器械；滑滑梯时喜欢尝试做出各种不同的姿势和动作；能利用圈、球等运动器材创造出多种游戏方法。

中班幼儿已具备一定的同伴合作经验，同伴交往技能有所提高，十分乐意

与同伴一起进行运动器械的探索和游戏，从而使同伴合作性的运动游戏逐渐丰富起来

3.大班幼儿参与器械活动和游戏的特点

大班幼儿具有较强的求知欲，喜欢探究、创新和挑战，活动能力和运动经验更加丰富。随着年龄的增长以及体育活动经验的积累，他们已较熟练地掌握了各种基本动作，动作技能和身体素质有了较大的发展，可以掌握难度较高的器械（如铁环、陀螺、跳绳等）的操作方法，尤其喜欢玩那些具有探索性、挑战性的大型组合运动器械。

大班幼儿合作能力较强，已经能较好地运用运动器械完成需要同伴共同协作的运动游戏，同时，由于学习新动作技能的能力逐渐增强，他们在初步掌握各种基本动作的基础上，喜欢尝试和体验更加复杂的动作技能和团队合作游戏，如跳长绳，跳皮筋、躲沙包、踢足球、投篮球等游戏。

（四）幼儿器械游戏活动教学的要点

根据幼儿身心发展的特点和规律，充分运用各种运动器械开展游戏活动，不仅丰富了活动内容，提高了活动要求，更有利于促进幼儿动作的发展和活动能力的提高，促进幼儿的身体健康，而且还调动了幼儿参与体育活动的积极性，提高了幼儿的兴趣，培养了幼儿勇敢、顽强的意志品质，乐群、合作、互助的群体意识以及自信、进取的精神。但在组织幼儿进行器械的游戏活动时需要注意以下三个要点：

1.充分重视安全工作

教师在组织幼儿开展器械游戏活动前，一定要做好组织工作，加强对幼儿的保护帮助，检查器械的稳定程度，确保活动安全。各种器械活动都有一定的危险性，尤其是一些大型及中、小型能够移动的运动器械的相关活动，更有可能出现事故。因此，每次活动时，不仅一定要检查器械的牢固程度，还要组织幼儿按顺序轮流上下器械，不得拥挤或推搡，并要求幼儿自觉遵守游戏规则。在幼儿进行各种登高、攀越的游戏时，一定要加强保护与帮助，给幼儿以充分的安全感。

并且，还必须教会幼儿正确的动作技能和使用器械的方法，防止事故的

发生。

2.引导幼儿积极观察，思考变化

在利用各种运动器械进行的游戏活动中，不仅要培养幼儿勇敢、顽强的意志品质和自信心，还要引导幼儿积极观察、思考各种变化，如活动环境及空间位置的变化等，并通过体验，不断总结经验，以增长幼儿的知识能力。

3.在活动中发展幼儿个性

每个幼儿在喜好、能力等方面都存在差异，对于不同的体育器械也常表现出不同的兴趣。教师在组织开展器械游戏活动教学时，要注意给幼儿一定的空间，让他们可以自由选择自己比较感兴趣的器械开展游戏活动。这样不仅能提升幼儿参与活动的积极性，而且还能够发展幼儿的个性。

四、民族、民间地域性体育活动教学

中国地大物博、幅员辽阔，不同地域的地理环境、条件不同；各地区的生活、活动习惯又各有千秋，并世代相传。因此，开展幼儿园体育活动，一定要注意开展地域性的体育活动与游戏。

（一）民族、民间地域性体育活动与游戏的意义

积极开展民族、民间的地域性活动，不仅是继承和发扬民族、民间文化遗产，弘扬民族精神的需要，也是一种喜闻乐见并广为流传的活动形式。民族、民间地域性体育活动，其内容丰富多彩、形式多样，既能就地取材，便于开展、丰富幼儿园体育活动内容；又能锻炼幼儿身体，提高其活动能力；还能促进幼儿相互交往，学习民风、民俗、民情，提高民族、民间文化知识水平；并能使幼儿玩得开心、尽兴，更好地促进幼儿身心健康发展，使之性格更加活泼开朗。

（二）民族、民间地域性体育活动与游戏的内容

民族、民间地域性传统体育活动与游戏的内容十分丰富，流传年代久远，传播广泛。例如，起源于朝鲜族的荡秋千游戏，在全国各地区多数幼儿园和儿

童乐园，都有此设备，并得到广泛开展。因此，有时也难以区分哪些是民族体育游戏活动，哪些是民间体育游戏活动。这里仅以民族传统特点比较突出的内容予以简述。

1.民族传统体育游戏活动

民族传统体育游戏活动内容，主要包括汉族的划龙船、舞龙，蒙古族的赛马，朝鲜族的荡秋千，黎族的跳竹竿等。其主要特点是充分体现民族精神与习俗。

2.民间传统体育游戏活动

民间传统体育游戏活动的内容，主要包括跳房子、跳皮筋、抬轿子、踢毽子、滚铁环、抖空竹、放风筝、抽陀螺、弹球、斗鸡、钓鱼、抓子儿、踩高跷等。民间传统体育游戏活动流传于民间各地，有各种不同玩法，是适合个人、两人、三人甚至更多人的集体游戏活动。

（三）开展民族、民间地域性体育活动的要点

教师在组织幼儿开展民族、民间地域性体育活动时，需要注意以下四个要点：

1.注意激发幼儿的兴趣

利用多种形式，简单介绍各民族风土人情、习俗，使幼儿在了解其特点的基础上，进行与之有关的传统体育活动和游戏，从而激发其练习兴趣，调动练习的积极性，提高练习效果。

2.遵循因地制宜，因陋就简的开展原则

因地制宜、因陋就简地开展适合本地区幼儿年龄特点的民族、民间传统体育游戏活动。例如，可以在树间用结实的长绳吊上轮胎，玩荡秋千游戏；利用结实的树杈玩踩高跷游戏；两人一组套上马缰绳，玩赛"马"游戏，在地上画上各种格子，用各种不同的方法，玩跳房子的游戏。

3.保证幼儿的安全

有些民族、民间地域性传统体育游戏活动，具有一定的危险性，不仅要教

会幼儿正确的玩法和要求，而且还要加强保护帮助，确保活动安全。

4.注意开发幼儿的思维力、想象力和创造力

组织幼儿民族、民间地域性传统体育游戏时，注意发展幼儿的思维力、想象力、创造力，启发幼儿充分利用手中的器械、玩具变换各种玩法。

五、各类体育游戏教学

在幼儿园体育教学的内容中，占据比例最多的当属幼儿园体育游戏了。它的主要内容是基本动作的练习，通过各种各样的游戏活动，来增强幼儿的体质。游戏本身是一种比较特别的体育活动，设计了相应的情节、动作，同时又兼具了竞争性，形式新颖活泼，内容十分丰富，是幼儿们非常喜爱的一种体育活动。

有关幼儿园体育游戏课程的教学内容在本书的第五章会进行系统论述，此处不再赘述。

第三章 幼儿园体育教学的组织、实施与评价

幼儿时期是孩子快速成长发育的时期，体育活动能够有效促进幼儿身心健康发展。而组织、实施与评价是开展幼儿园体育教学的基本环节，并且这三个环节都对幼儿园体育教学质量产生重要的影响。幼儿园体育教学活动的开展，要做到精心组织、高效实施、客观评价，才能确保体育教学的效果，才能达到幼儿园体育教学目标。本章即对幼儿园体育教学中的组织、实施和评价展开论述。

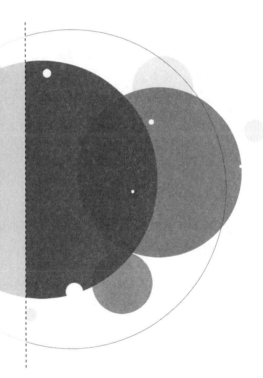

第一节　幼儿园体育教学的组织形式

任何事物都有着一定的客观规律，体育教学也不例外。通过前人不断实践经验总结凝练出来的体育教学原则，不仅仅是体育教学的精华所在，也是教师在开展教学的过程中务必要遵守的要求和准则。正确地理解和贯彻体育教学原则，能促使教师进一步掌握和运用体育教学的客观规律，对加快教学进程、实现教学目标和提高教学实际效果，有着非常重要的意义。

幼儿的体育教学因为它实施对象的特殊性，教师更要认真对待。在开展教学工作时，要考虑到不同班级的幼儿年龄和将要进行的体育活动的特点，来组织开展不同形式的幼儿园体育活动。

幼儿园体育活动的组织形式多种多样，最基本的组织形式有幼儿早操活动、幼儿园体育教学活动和幼儿户外体育活动等。另外，幼儿运动会等组织形式在幼儿园体育活动中也越来越受到重视。不同组织形式的活动具有不同的活动内容和任务，并形成了各自的特点。在开展体育教学时，要结合这些活动的特点来具体实施，做到合理搭配、共同作用，为幼儿身体和心理的健康发展做出应用的贡献。

一、幼儿早操活动

早操是每一个幼儿园都会开展的项目。早晨的空气比较清新，在此时进行锻炼，可以让幼儿充满活力，能够帮助幼儿快速从前一晚的睡眠状态中调整过来，进入新一天的生活、学习中。并且。早操能够有效地锻炼幼儿的身体，有助于幼儿的健康成长。

（一）幼儿早操活动的特点和内容

1.幼儿早操活动的特点

（1）运动量不大

总的来说，幼儿早操活动安排的运动量都不会很大，且一般会选取幼儿比较喜欢的内容，以此来调动他们的兴趣，开启一天的好心情。

（2）形式固定

集体活动是早操活动的主要形式，幼儿园可以根据场地和班级需求，安排各个年龄段的幼儿同时或者单独进行早操活动。

另外要注意的是，早操活动的强度和时间要根据气候和季节的变化做适当调整。夏季白天的时间较长，可以对早操活动的时间进行恰当的延长；冬季天气较冷，且白天的时间也较短，早操的时间可以适当缩短，在运动的强度上可以稍微加强一些。

2.幼儿早操活动的内容

现阶段，幼儿的早操活动一般包含以下三种：

①做体操，通常包含徒手操、模仿操以及轻机械操等。

②通过走步、跑步、排队等不同方式来进行队列队形的练习。

③简单易懂、富有韵律的舞蹈和有趣的小游戏等。

（二）幼儿早操活动量的安排

一般来说，理想的幼儿早操活动时间为 15 分钟，根据季节的变化和幼儿年龄的差异等情况可以对早操时间作一定的调整。幼儿早操的活动量需要遵循适量增加的规律。需要注意的是，幼儿的早操活动量不宜过大，因此早操活动量只能按照由少到多的原则进行。

对于一些寄宿制的幼儿园来说，一般会将早操活动安排在幼儿起床后到吃早餐前的这一时间段。这个时间段的幼儿刚刚睡醒，身体的各项机能还未完全恢复，若是在这个时期进行较大活动量的体育活动，容易造成肌肉拉伤、关节受伤等，并且也会对幼儿接下来的进食造成影响。

在开展完早操活动之后，一般还会组织幼儿开展一些教育活动。若早操的活动量较大，那么幼儿在活动中会消耗大量的体力，情绪也较为兴奋，会影响教育活动的效果。

综合来说，无论是从幼儿身体机能的情况，早餐进食方面，教育活动的效果方面来说，幼儿早操活动量都不宜过大。各类幼儿园在组织开展幼儿早操活动时，都要多加注意。

（三）早操活动的指导工作

1.早操开始前的指导

教师不仅要熟悉内容，还要考虑教法，同时还要做好相关物质的准备，包括场地、用品、服装等。

2.早操活动中的指导

（1）走步和排队的指导

教师应要求学前儿童动作整齐，注意力集中，统一行动。小班刚开始排队时可不按个子的高矮，一个跟着一个走成圆圈。老师站在适当的位置领着活动。到活动末期时要求他们记住谁挨着谁，按高矮排队。中、大班从一开始就应按高矮站成一路纵队，听口令（或音乐、鼓声等），进行走步或跑步，动作整齐，并熟练地进行分队或变化队形练习。

（2）做操过程中的指导

①带操人应动作准确，起良好的示范作用。

②带操人站的位置是儿童都能看见的地方。

③根据学前儿童动作的节奏来控制口令的快慢和音乐的节拍，此外，为保护听力，乐曲或歌曲音量不宜过大。

④做操过程中，教师可用语言指示或肢体示范，帮助幼儿完成动作以及提高动作的准确性。教师不要轻易打断幼儿的动作，保持幼儿动作的连续性。

⑤年龄越小的学前儿童越应多做模仿动作。教师可以根据一个主题的要求选编几个动作，让他们反复模仿。这既能引起幼儿兴趣，又能较好地达到锻炼目的。

⑥合理安排运动负荷。学前儿童活动太激烈导致情绪激动这种状态容易影响上课和其他活动，因此，运动负荷应逐渐增加，直至找到最合适的运动负

荷。与此同时，还要注重安排学前儿童跑步动作的科学性，如夏季跑步可以安排在做操之后，让学前儿童中速跑，使运动量增加；冬季可以安排在做操之前，学前儿童排好队即刻进行慢跑、中速跑，身体发热后再做操。

3. 早操结束的指导

早操活动结束后，组织学前儿童安静地走回室内的过程中，可以组织学前儿童进行安静走步、整理动作，但尽量不要占用太多时间。

（四）幼儿早操活动的优化策略

1. 实现早操设计编排的独创性

不同年龄段的幼儿有着各自的特点。对早操活动进行优化，可以从这个角度入手，认真分析不同年龄段幼儿的特点，从早操内容、队形动作等方面为他们编排合适的体操，实现具体问题具体分析。

2. 丰富早操活动的内容和形式

在早操活动的内容和形式上，可以综合运用器械、舞蹈、美术等多方面内容来对其进行丰富与拓展，跳脱传统早操活动比较单一的内容与形式，提升早操对幼儿的吸引力，让幼儿更加喜爱做早操。同时，也可以在早操活动中，让幼儿了解到其他方面的知识，拓展他们的知识面。

二、体育教学活动

在为了实现体育活动目标而开展的各种组织形式中，体育教学活动是最为重要的一种。它的开展是有计划、有目的以及有组织的，能够非常有效地增强幼儿体质。幼儿园体育活动课包括了一定的教学活动，教师要遵循运动技能形成的规律以及体育教学规律，并结合幼儿身心发展的特点，有效、科学地指导幼儿完成各项体育活动，从而系统、全面地发展幼儿跳、跑、攀爬、投掷等基本的活动能力，提高幼儿耐力、速度、灵敏、柔韧等身体素质，这对培养他们的平衡和协调能力有着重要的促进作用，使幼儿的锻炼和活动更加科学有效。通常情况下，幼儿的体育课程一周开展 1 ～ 2 次。根据年龄的不同，活动的时间也不一样，小班一般为 15～20 分钟，中班为 20～25 分钟，大班则维持在 30 分钟左右。采取的形式一般都是集体活动。[①]

（一）体育教学活动的特点和类型

1.体育教学活动的特点

体育教学活动注重幼儿身体的全面锻炼和发展，以提高幼儿的身体素质，发展幼儿的基本活动能力，增强幼儿的体质为主要目的，使幼儿身体、智力和社会性等方面协调地发展。

幼儿园体育教学活动不仅需要幼儿认知活动的参与，更需要幼儿身体的直接参与，具有幼儿体力活动和智力活动一体化的特点。幼儿园体育教学活动必须符合幼儿的生理、心理特点及发展水平，避免小学化、成人化，活动主要以游戏的形式进行，体现游戏化的特点，使每个幼儿在原有的水平上得到提高。

2.体育教学活动的类型

根据不同的划分标准，可以将体育教学活动划分为不同的类型。一般来说，会将体育教学活动从任务和内容上划分。

（1）从任务上分

根据教学任务的不同，可以分为新授课（学习新的内容和动作）和复习课（复习原来的内容和动作）。

（2）从内容上分

根据教材内容的性质，可以分为综合课（包括游戏、体操、队列练习）和游戏课（围绕游戏开展）。

一般来说，幼儿园的体育教学活动主要以综合课为主，既有新学的内容又要复习已学习过的内容。

（二）体育教学活动的基本结构

幼儿园体育课的结构，是指构成幼儿园体育课的各个部分和各个部分的安排顺序、组织教法以及时间分配等。它主要是以人体的生理机能活动能力变化

---

① 陈健，吴健峰，王耐.幼儿园体育教学设计 [M].北京：冶金工业出版社，2021：12.

规律为依据，受体育教学特点所制约。一般可以分为三个基本的环节或部分，即开始部分、基本部分和结束部分。至于每部分的内容和组织安排，则因课的目标、教学内容、幼儿情况以及作业条件（场地、器材、季节、气候等）的差异而有所不同。[①]

1.体育教学活动的准备部分

体育课准备部分的主要任务是迅速地将幼儿组织起来，集中幼儿的注意力，并从生理上和心理上动员幼儿。它的组织方法一般采用集体形式进行，可定位做，也可行进间做，可根据具体情况变化队形，以提高幼儿的学习兴趣。[②]

在准备活动中，需要进行心理上的动员和生理上的动员两方面的工作。生理上的动员，是为了让幼儿在完成这些准备活动的过程中，身体的各项机能逐渐恢复。心理上的动员，主要是为了调动幼儿参与活动的积极性，提升幼儿的精神面貌。幼儿教师可以对幼儿说一些激励性的话语，也可以用自身积极的状态来感染幼儿。准备活动部分一般占整个体育教学活动的10%～20%之间即可，教师要注意把握时间。准备活动的内容要做到轻松简单，形式也要新颖活泼一些。

2.体育教学活动的基本部分

基本部分的主要任务就是通过一定的身体动作的练习，提高幼儿的身体素质，发展幼儿的动作能力，培养幼儿的良好品质等，从而完成此节课的主要教育和教学任务。

该部分活动的时间一般占幼儿园体育课总时间的70%～80%。

幼儿教师在组织开展体育教学活动时，要注意合理安排教学的内容。一般来说，在教学活动刚刚开始的时候，比较适合开展一些新的教学内容。这样可以保证幼儿有足够的时间和精力去学习新的内容。一些已经学习过的，或是能够让幼儿引起兴奋的内容则可以安排在教学活动的后半段。幼儿教师在开展体育教学活动时，还有三个要点需要注意。

---

① 　何淑艳，荣雯，曲波 . 学前儿童体育教育 [M]. 南京：东南大学出版社，2018：170.
② 　同上。

①要合理安排好主要教材的学习顺序。

②在基本部分教学中，应根据本节课的目标、主要教材的性质与幼儿的特点，适当地安排一些必要的辅助练习、诱导性练习或转移性练习和提高身体素质的练习，以便幼儿更好地掌握教材内容和提高身体训练水平。

③要合理安排好密度与运动负荷，注意练习与休息合理相互交替。练习的次数少、时间短、强度大，都不利于体育技能的掌握，并且对发展身体、增强体质的效果也不大。

3.体育课的结束部分

结束部分的主要任务是有组织地结束一节课，缓解幼儿身心高度兴奋或紧张状态。该部分活动的时间约占幼儿园体育课总时间的10%，并视具体的活动情况而增减。其内容一般包括两个方面：一是做一些能使幼儿的身体和情绪由高度的紧张、兴奋、激动状态逐渐过渡到相对平静的状态的游戏活动或动作，帮助幼儿放松肌肉、消除疲劳，以便更好地进行接下来的活动；二是对本次体育课程进行一个整体性的总结。对于在体育课程中表现得比较好的幼儿，要予以表扬；对于表现稍有不足的幼儿，也要积极鼓励。

（三）体育教学活动的组织建议

①教师要根据本班幼儿的具体情况，根据《幼儿园教育指导纲要（试行）》的要求，选用合适的教材，然后钻研教材、教法。在物质上做好准备，如场地与器材要准备好。幼儿着装要轻便、整齐。

②教师要引导幼儿在活动中掌握动作要领及正确姿势，必要时要进行动作示范。

③培养幼儿良好的行为、品德。体育课大都在室外进行，外界环境会分散幼儿的注意力，所以教师应要求幼儿遵守纪律，按指示去做；在活动中启发幼儿培养勇敢、机智、灵敏的品质和相互友爱、互相帮助以及严格遵守规则的品德。

④注意活动量。应该有效利用每节课的时间，尽量让幼儿多活动，不要总分队或长时间等待。教师应尽量缩短进行讲解示范的时间，更不要临时布置场地而占用时间。另外，也要注意观察幼儿的情况，活动量不能过大。

⑤要注意维护体育课程的良好氛围，要保证幼儿可以轻松、愉快地上课，在不影响正常上课的基础上，允许幼儿与同伴之间小声交谈。

⑥教师是体育课程的组织者与实施者，教师的心情和情绪会对幼儿产生一定的影响。因此，教师要尽量保持一种良好的心情去上课，用自己积极、向上的情绪去感染幼儿。

⑦要注意安全，把握好时间。一节体育课的时间，小班为 10 ～ 15 分钟，中班为 20 ～ 25 分钟，大班为 25 ～ 30 分钟，大班末期可延长至 35 分钟。

三、户外体育活动

户外体育活动是移到户外活动场地开展的体育活动的总称。户外体育活动，可以让幼儿拥有更大的活动空间环境，还可以让他们更近距离地感受自然、享受阳光、呼吸新鲜空气，是幼儿园体育教学中不可缺少的一种教学组织形式。

幼儿在户外进行比较自主、自由的体育活动，能够弥补早操、体育课等限制性较强的体育活动方式的不足，更好地满足不同幼儿的不同发展需要。幼儿通过自由地选择活动学习选择，通过自主活动提高自主自律的意识和能力。同时，教师也有了更多的机会充分地观察幼儿、了解幼儿。

（一）户外体育活动的特点和内容

1.户外体育活动的特点

（1）自主选择性

自主选择性是户外体育活动的一个显著特点。在进行户外体育活动的时候，幼儿可以根据自己的喜好选择合适的运动器材。除此之外，幼儿也可以自行结伴一起做运动，这对于促进同学间的感情是很有益处的。

（2）活动开展的趣味性

幼儿户外体育活动最显著的特征是趣味性，并且内容广泛，具有丰富的故事情节，能够引起幼儿的兴趣。幼儿在户外体育活动中，可以轻松、自由地做自己想参与的体育活动，将自己的精力都放在获得更多的活动乐趣上。

（3）人际交往的频繁性

户外体育活动能为幼儿提供互助合作、自主交往的机会，有利于其形成自信、大胆、活泼、主动的个性品质，促进社会性发展。

（4）时间安排的固定性

通常情况下，户外体育活动一天安排两次，分别在上午和下午，每次持续30分钟左右，以分散的自由活动为主，集体活动为辅。另外，有关户外区域体育活动，幼儿园可结合自身的班级数量、幼儿人数、场地条件等，采用班级轮换、混龄、同龄等不同模式，逐步实施创新体育活动。

2.户外体育活动的内容

户外体育活动通常包含以下四种：

①借助各种小、中、大型幼儿运动器械进行的活动。

②借助游戏形式进行的各种基本动作的练习。

③通过空气、沙石、阳光和水等自然因素进行的各种活动。

④利用各种替代性器材和自制器材的锻炼活动。可以用桌子、板凳、梯子、轮胎、包装纸箱开展活动，也可以用废弃的饮料罐制作拉力器等开展活动。

（二）户外体育活动的类型

1.集体活动

这种形式是幼儿集体在教师的直接指导下进行同一项活动，活动具有严密的组织性。通常是教师组织幼儿开展某一个集体活动或者集体游戏。这种形式多用于小班，或者用于复习、巩固某一个动作或游戏如学习早操操节动作，或者集体进行队列复习游戏，或者练习基本动作等。其优点是便于幼儿在活动中相互模仿，也便于教师直接组织和指导，能够高效、快速地完成教师预定的计划。但这种整齐划一的集体活动，往往难以关注到个别幼儿的实际需要。

2.自选活动

这种形式是教师按照该年龄段儿童体育锻炼的阶段目标，为幼儿提供各种不同的器械，让他们根据自己的兴趣和需要自选活动器材，自由开展活动。如提供高跷、平衡木、沙包、飞盘、海绵垫、铁圈等器械让幼儿自选，练习平衡、投掷、爬等动作。该活动的优点是内容丰富，幼儿可以根据自己的需要来选择活动内容，有利于培养幼儿的主动性、独立性和创造性；教师也能够针对个别幼儿的不同情况进行个别教育，实现因材施教。但是，由于本活动形式组织松散，教师对活动的全面管理和指导难以落实，尤其是活动的节奏和运动量难以控制。有些教师对幼儿的活动情况缺乏了解，所设计的内容缺乏阶段性、连续性，所提供的材料单一、重复。活动中，教师的指导不到位，对幼儿的自选活动放任自流，未能很好地体现计划性、目的性、针对性。另外，由于活动前，幼儿总是根据自己的兴趣爱好选择活动器材和玩法，因此，在活动展开的不同时间，幼儿选择同一器材和相同玩法的可能性极大。这样某些幼儿活动内容单一的现象依然存在。

3. 主题游戏

这种形式充分挖掘和利用了幼儿园的环境资源，因地制宜地在各种不同的场地上，投放不同材料，为幼儿创设多个体育活动环境。不同的是，它将有情节、有角色的主题游戏和传统的户外自选活动有机结合起来，创设一个以基本动作练习为主要内容的、区域式的、能够自主进行的活动情境（即通过游戏主题，将走、跑、跳、钻、爬等基本动作练习起来，成为一个有情节的主题游戏情境），让幼儿在这样的主题游戏里进行循环式的锻炼。其优点是，活动形式灵活多样，可以让幼儿通过扮演角色，在有主题、有情境的游戏活动中进行锻炼，弥补了松散式的自由活动单调、重复的不足，激发幼儿参与活动的积极性和主动性。其缺点是幼儿必须按照既定的玩法和规则进行游戏，活动中幼儿的创造性未能得到很好的发展。为了更好地实现资源的共享，建议同一年龄班的教师分别设计不同的主题游戏内容，然后互换内容进行游戏，这样就能让幼儿每天都玩不同的游戏，实现全面性的身体锻炼，也克服了同一游戏单调、重复的问题。

（三）户外体育活动中存在的问题

1. 户外体育活动形式和内容较单一

在组织幼儿户外体育活动时，多数幼儿园以大、中型固定的运动器械为主，提供的中、小型可移动的运动器材较少，较难满足幼儿的个体运动需要。另外，由于同时可使用大型器械的幼儿人数较少，导致其他幼儿等待时间偏长，如荡秋千、玩滑梯、攀爬墙等，这些均导致幼儿户外体育活动形式和内容的单一，从而导致运动量不足，达不到户外体育活动的目的。

2.幼儿家长对户外体育活动的价值认识存在偏差

每一个家长都很关心自己的孩子，但是有的家长对于幼儿的关怀却过度了，形成过度保护。这类家长不理解户外体育活动的价值，害怕自己的孩子在幼儿园受到任何的伤害，不允许幼儿参与正常的户外体育活动。这类情况会让幼儿无法得到应有的锻炼，并不利于幼儿的健康成长。存在这类思想的家长应当转变自己的思想理念，对户外体育活动的价值有一个正确的认知。

（四）户外体育活动的优化策略

1.要有计划、有组织地开展活动

幼儿园的领导对各班的活动时间、场地和器材的使用，要做统一安排，充分发挥已有物力的作用，防止互相干扰和冲突。

2.创设良好的活动环境

要保证足够的户外活动场地和完善的体育设备，为幼儿提供丰富的、多层次的户外活动器材。教师还可以利用一些废旧物品教幼儿自己动手制作简单的器械，如用废旧的报纸制作风筝，用废旧的纸箱制作滚履带，用废旧瓶子制作哑铃、保龄球等。这既可以锻炼孩子们的动手能力，又能激发他们的兴趣。

3.重视幼儿个体差异，做幼儿的引导者和游戏伙伴

教师要特别关注不同年龄、不同性格幼儿之间的差异，尤其是那些性格内向、胆小不合群的幼儿，教师应该多鼓励他们参与到游戏中来。在整个户外体育活动中，教师不仅是引导者，还是幼儿们的游戏伙伴。通过观察每次的活动，教师在了解幼儿的基础上，有目的、有针对性地进行指导，这样才能使户外活动达到最佳效果。

4.注意幼儿的运动负荷问题

幼儿的自控能力有限，很多时候，在玩游戏时，虽然他们已经疲劳了，但

仍然会坚持活动，尤其是在玩游戏情绪高涨时。另外，幼儿容易被外界的事物影响和吸引而停止自己的活动。对于上述各种情况，教师需要全面掌握并给予指导。

四、室内体育活动

室内体育活动是在室内开展的各种幼儿园体育活动的总称，也是一种幼儿园体育活动的组织形式，是对户外体育活动的一种补充，可以弥补一些幼儿园客观条件的局限或不足。室内体育活动是利用园所、班级的适宜场地、器材开展的补充户外体育活动的活动，可以是钻爬、投掷等大肌肉活动，手指、脚趾等小肌肉活动，也可以是有组织的集体活动、自由分散的创造性活动，在发展幼儿的身体协调性、柔韧性、脚的精细动作以及感知等方面具有一定的优势。

（一）室内体育活动的目标

室内体育活动的目分为认知目标、动作技能目标和情感态度目标三种。

1.认知目标

①发展运动视觉和空间方位感，学会自我保护知识。
②了解多区域、多形式、多器械的室内活动。

2.动作技能目标

①发展身体协调性、柔韧性及身体各部位的精细动作。
②锻炼走、跑、跳跃、钻、爬、投掷等多项基本动作。
③学会室内体操动作和游戏动作。

3.情感态度目标

①愿意做表现性与创造性的动作和姿势。
②体验各种姿势的爬或移动。
③喜欢室内体育活动，热爱锻炼。

（二）室内体育活动的特点与内容

室内体育活动空间具有局限性，空间的大小、高矮都会在一定程度上影响体育活动的开展。室内的场地主要有班级教室、楼道、阳台、活动室等，室内体育器械便携、轻小，内容选择更倾向于走、钻爬、跳、投等游戏内容。

幼儿园室内体育活动应根据幼儿的年龄特点与发展需要，提供丰富的室内游戏器材。如中小型运动器械：平衡木、投掷架、钻爬筒、拳击袋、套圈、椅子、摇马、桌子、沙包、垫子、圈、球、绳等，应根据器材开展形式不同的活动。

（三）室内体育活动的类型

室内体育活动有以下两种组织形式 —— 体育活动室活动和室内普通的体育活动。

1.体育活动室活动

体育活动室活动，是指将多余的教室、多功能厅或专用的体育活动室，布置成海洋室、大中型运动器械室（内设综合运动器械、蹦蹦床、攀登架、台阶、滑梯等）、体操室（内设垫子、平衡木、肋木等）、拳击室等。全园采用分班轮换方式，即各班幼儿在教师的组织指导下，在各个活动室内开展体育活动。

室内体操活动的内容，除安排一般的幼儿体操外，还可安排表现性、创造性的身体活动。表现性、创造性的身体活动，是指幼儿在音乐伴奏下，按照某一活动主题，做各种身体活动，是为提高幼儿身体动作的表现能力的一种室内体育活动内容。表现性、创造性的身体活动有：体会各种形式的爬、滚等动作；做各种身体的韵律动作；探索身体各种功能及不同姿态的动作；进行表现性的身体动作等。例如，"钻山洞"游戏，让幼儿在音乐伴奏下独立或合作用手、脚、躯干做成各种"山洞"等，并相互钻各种"山洞"。

2.室内普通的体育活动

室内普通的体育活动，指利用教室的地板、座椅、录音设备以及走道等开展各种体育游戏活动、幼儿体操等。

（四）室内体育活动的常见问题

室内体育活动是户外体育活动的有效补充，是幼儿在室内进行体育锻炼的运动形式，不可避免地存在一些问题。

1.室内体育活动缺乏计划性

多数幼儿园的室内体育活动是临时安排的，也有部分幼儿园只是做了部分尝试和探索，幼儿园教师没有对室内体育活动进行整体规划和计划。因此教师的目标具有随意性和不确定性，容易造成组织过程散、教师随意性强、幼儿获得的锻炼不足的情况，难以发挥室内体育活动的优势。

2.材料投放与活动内容单一

由于幼儿园对室内体育活动重视不足，缺乏深入的探索和研究，因此室内体育活动材料配备不够丰富。活动材料单一而匮乏，不能满足幼儿的需求，限制了幼儿自主选择的权利。活动内容形式也十分单一，主要以技能动作训练为主，无法满足幼儿游戏的需要。

3.室内体育活动可能存在安全问题

室内活动场地有限，易造成幼儿拥挤；又由于幼儿年龄偏小，动作不够敏捷，缺乏良好的安全意识，室内体育活动时常发生幼儿磕磕碰碰的事情，存在较大的安全隐患。因此，要达到增强幼儿体质、锻炼幼儿品质的教育目的，就必须加强幼儿和教师的安全意识，对游戏材料和设施设备进行定期检查。

（五）室内体育活动的优化策略

1.要制订室内体育活动的计划

充分利用多余的教室和各种走道、空间，开展室内体育活动场地和教室，并规划和安排好各年级、各班级开展活动的场地和教室以及投放的运动器材，使每个教室都能被充分利用起来。

2.建立室内体育活动的常规

由于室内体育活动的场地和空间较小，特别是有桌椅的教室。为此，要布置室内场地和活动器材，制订取放活动器材、使用活动器材、堆放衣物鞋子、活动范围和路线、避让方法等的相关规定，以保证室内体育活动有序、有效地开展。室内场地如果是地板或地毯，尽可能让幼儿脱去鞋子，穿袜子或赤脚参加各种体育活动，这样有助于幼儿加强对地板的触觉和运动感觉的发展。

3. 巧妙地利用室内活动空间

教师应充分考虑场地的特点，合理布局，巧妙地利用室内活动空间。例如，音乐室、班级活动室较宽敞，空间较大，可以开展占用空间较大、幼儿移动范围大的走、跑、爬行等活动；楼道、阳台空间狭小，可开展占用空间较小、幼儿移动范围不大的掷准、纵跳等活动；利用寝室中的过道、有序摆放的床铺，开展平衡、手臂支撑等活动；利用室内有序摆放的桌椅，开展平衡、钻、爬、侧滚等活动；利用上下楼梯，开展攀爬活动等。

4. 投放多样的活动器材

活动器材的选择要因地制宜，统筹安排。考虑到空间、占地、距离等多种限制，选择器材时要灵活巧用，注重利用现有资源，就地取材。例如，利用桌子进行"穿越火线""过山洞"等钻的活动；也可以在桌子上进行爬的活动；还可以从高处跳下进行"空降兵"等一系列活动。在保证安全性的前提下，还要考虑材料的操作性和可变性，选择大量低结构材料，注重一物多玩的开发和展示，鼓励幼儿积极探索、大胆尝试，并定期开发幼儿喜欢、功能齐全的体育器材，增强幼儿对器材的新鲜感和主动运用的积极性。

5. 灵活安排活动内容与形式

室内体育活动的内容可以是丰富多彩的，组织形式也可以是多种多样的。例如，引导幼儿进行室内体操活动、各类体育游戏、赤足活动、室内区域体育活动等，组织形式可以是集体的、小组的、自由的、分散的。教师在安排活动时，既要符合幼儿的年龄特点，又要考虑班级实际。在内容安排上，既要考虑上下肢的均衡发展，又要考虑活动量的安排，符合人体生理机能的变化规律。

6. 重视运动卫生工作

开展室内体育活动时，应将窗户打开，保持空气流通，教师要注意全面观察，并进行必要的指导和保护，防止幼儿碰撞和受伤。

五、区域体育活动

《幼儿园教育指导纲要（试行）》明确提出："把促进幼儿的健康放在工作的首位。"传统的以教师为中心的集体体育活动，是由教师制作、提供活动材料，设置、安排活动场地，示范、指导某一具体动作并评价总结，致使幼儿缺乏主动性。而现今的区域体育活动是以教师预设与幼儿自发生成相结合为主的，区域体育活动的环境和器材，是教师依据幼儿的年龄目标和阶段目标，根据幼儿当前的发展需要而创设、提供的。整个活动过程中，幼儿的活动是自主、自发、独立、"个性化"的，幼儿可以选择一个或多个活动区域进行体育活动，因而也是一种更多地体现过程性模式的学习活动。[①]

充足的、有效的、科学的户外区域体育活动，不仅可以增强幼儿自身的体质，也能锻炼幼儿运动的协调性、对环境的适应性，使其从中获得快乐的体验，提高对体育活动的兴趣。

（一）区域体育活动的特点与内容

区域体育活动作为幼儿园体育的重要组织形式之一，以同时提供多样的体育活动区、打破班级界限、引导幼儿自主进行运动为主要特征，具有活动内容丰富、活动时间灵活、幼儿自主性强等特点，有利于教师发挥主导作用和因人施教，也有利于发挥幼儿的主动性和积极性，更好地培养他们的独立性和创造性。

区域体育活动按组织形式可分为独立型区域体育活动、混班型区域体育活动。独立型区域体育活动是指每个班级各自独立开展区域体育活动；混班型区域体育活动是指同一年龄段的两个或多个班级幼儿在一起共同开展区域体育活动。区域体育活动还可以以不同的基本动作或运动器械来划分，如钻爬区、跳跃区、投掷区、玩沙区、玩车区、攀爬区、玩球区、民族民间体育游戏区等，以各类运动器械的探索、操作与游戏，以及基本动作的练习为主要内容。

---

① 赵春梅. 幼儿园室内区角活动场地设计 [M]. 天津：天津教育出版社，2019：153.

（二）区域体育活动中存在的问题

1.户外区域体育活动的空间和设施不够

组织区域体育活动的基本条件是要有足够的活动空间，大部分幼儿园的区域活动空间不能够满足要求。活动空间的限制，直接影响了体育设施的布置，也影响设施设备的数量、规格、摆放。设施规划布置不科学、摆放杂乱、种类不齐全等问题十分普遍。这些问题的存在对于区域游戏的开展产生了严重的制约，教学效果大打折扣。户外设施不足的问题主要体现在两个方面：一是数量少，受幼儿欢迎的设施需要排队体验；二是种类不齐全，多数幼儿园的户外设施都是放松性的娱乐器材，锻炼孩子身体协调性、思考能力、创造力的器材非常有限，极大地限制了体育区域活动项目的选择与丰富，降低了幼儿户外区域体育活动的体验程度。

2.区域体育活动在趣味性和创新性上有一定欠缺

大多数幼儿园在组织区域体育活动时，受到设施和场地条件以及安全因素的制约，易产生内容相同、形式一致的模式化问题，频繁地组织同样的区域体育活动会消磨幼儿的积极性，幼儿的主动性和创新性也无法发挥，影响教学效果。教师在户外区域体育活动中的设计与指导不足，是导致活动缺乏趣味性和创新性的主要原因。教师和幼儿每天被动地执行着重复的活动内容和活动形式，不仅使幼儿失去活动的兴趣，还使区域体育活动失去了促进幼儿发展的价值。

3.户外活动的时间和次数不够

幼儿还处于知识启蒙的阶段，幼儿的注意力很难长时间地集中，也很难在短时间内消化过多的知识，所以幼儿并不适合长时间的大量学习，需要劳逸结合，或者在玩耍中学习知识。幼儿园的办园标准也规定幼儿园每天都要组织幼儿进行户外活动，但大多数的幼儿园并不能做到每天都给幼儿课外活动的机会。有的教师认为幼儿太小，容易出现安全问题，于是把户外活动的时间一再缩短，导致幼儿户外区域活动时间不足，不能满足幼儿户外活动的要求。

（三）区域体育活动的优化策略

1. 重视发挥幼儿在区域体育活动中的主体性

幼儿是参与区域体育活动的主体，幼儿教师应当保障幼儿在参与区域体育活动的过程中的主体地位不受侵害，积极鼓励、支持幼儿选择自己喜欢和感兴趣的区域体育活动。幼儿在参与区域体育活动的过程中，也要自主支配自己的行为，自己去实践、去感知，去收获，去成长。幼儿教师只需要在旁边发挥自己应有的引导作用即可。

2. 创造自由和谐的活动环境

幼儿区域体育活动需要在不同的区域内进行，其活动的开展情况会受到活动区域的直接影响。为了进一步保证幼儿区域体育活动的顺利进行，幼儿教师应当采取必要措施为幼儿创建一个具有自由性与和谐性的活动环境。幼儿在这样的活动环境中，可以自由地进行自己感兴趣的区域体育活动，可以与其他幼儿一起讨论、交流，和谐相处。幼儿教师可以为幼儿提供他们需要的合理的帮助，让他们尽量感受到参与区域体育活动所带来的快乐。

3. 优化活动区的建构，进行科学合理设置规划

（1）设置活动区要注意体现年龄化

不同年龄段的幼儿特点不同，所适合的区域体育项目也不同。幼儿教师应当综合了解自己所带班级的幼儿的特点，为他们选择合适的区域体育项目。

例如，大班体育区域活动就可分为球类活动区、攀爬区、投掷区、综合区等。而针对小班的运动和年龄特点可以设置体育活动区"办家家"以发展幼儿走、跑交替能力，体育活动区包含牛奶站、超市、菜场、儿童服装店等。幼儿拖着小车往返于"家"和不同的区域间，在活动中认识了周围的生活环境，把活动内容"生活化"。

（2）规划活动区要注意活动量

此外，在设置区域时，要考虑到各区域之间活动性质的科学合理的搭配，既要有活动量大的，又要有活动量较小的；既要有发展幼儿基本动作的区域，又要有练习综合身体素质的区域，并在各区域里都设置明显的标志。在幼儿的活动过

程中，各区域活动内容既要保持相对稳定，又要进行适当的调整，以不断适应幼儿活动与发展的需要。同时，教师要尽可能鼓励幼儿就区域设置的安全性和合理性有充分认识。如：教师可以引导中大班的幼儿认识到在活动区域时不能紧挨着，否则会相互干扰；爬和奔跑的区域应相隔远一些，避免发生危险。在区域设计好后，教师也可带领幼儿以小组为单位共同摆放运动器械，使他们在"工作"过程中增强自主意识。

4.丰富区域体育活动内容和形式

教师应针对幼儿不同年龄阶段所具有的动作水平选择相应的体育活动方式，引导幼儿自主收集、利用多种材料进行混搭、组合，尝试变换出各种新玩法；探索器械的一物多玩，不断丰富区域活动的内容和形式；让幼儿以自己喜欢的方式自主探索，积累运动经验，充分发挥幼儿自身的积极主动性并满足幼儿的兴趣。这样具有丰富性和趣味性的区域体育活动能够满足幼儿的需求，让他们乐于参与到区域体育活动之中来。

六、其他形式的体育活动

（一）幼儿运动会

1.幼儿运动会的目标

幼儿运动会的目标分为认知目标、动作技能目标和情感态度目标三种。

（1）认知目标

①了解运动会竞赛规则，知道运动安全常识，有自我保护意识。

②认识丰富多彩的运动形式，学会轮流、等待、分享、谦让与合作。

（2）动作技能目标

①增强走、跑、跳跃、投掷、攀登、钻、爬等综合运动能力。

②锻炼柔韧、力量、灵敏等身体素质。

③练习幼儿体操与队列队形变换。

（3）情感态度目标

①积极参与运动游戏项目，愿意展示自己，喜欢集体活动。

②愿意与不同年龄、不同班级的幼儿分享、交流、互动。

③热爱运动，体验亲子运动的乐趣，感受集体的温暖，积极乐观面对困难。

2.幼儿运动会的意义

运动会是幼儿园定期举办的丰富多彩的幼儿运动会或体育表演，是幼儿园体育活动的组织形式之一。组织运动会，既是对幼儿园日常体育活动开展效果的检验，也是教师与幼儿、教师与教师、教师与家长间的交流、学习、分享活动。

幼儿运动会能激发幼儿从小热爱体育的兴趣，提高幼儿锻炼身体的积极性和主动性，同时，也是他们相互观摩和学习的良机。幼儿运动会不仅能使幼儿在和谐、平等、友爱的运动环境中感受到集体的温暖和情感的愉悦，增强幼儿的集体荣誉感，还能使幼儿在不断体验进步或成功的过程中，增强自尊心和自信心。在运动会上，邀请家长和上级领导观看并参加表演，不仅能使他们对园内孩子的健康情况和体育活动情况有所了解，同时，还能促进他们与幼儿园教师间的关系，有利于共同开展体育活动，为增强幼儿体质协同工作。

3.幼儿运动会的类型

（1）表演比赛型

表演比赛型运动会，是将幼儿体操、体育游戏、师生同乐游戏、亲子体育游戏等内容作为体育运动会的表演和比赛内容。在运动会的最后进行发奖仪式，将奖品给予表演和比赛的各班幼儿，在热闹、欢庆的气氛中结束运动会。

表演比赛型运动会的特点：气氛热烈、欢快；不同年龄和同一年龄班级之间可以互相观摩、交流体育节目；使幼儿感受到运动会的体育气氛；能使家长和有关部门领导了解幼儿园体育活动的现状。但表演比赛型运动会也存在时间过长，孩子参与活动的实际时间短、注意力容易分散等问题。

（2）区域活动型

区域型活动，是将全园室内外场地布置成多种多样的体育活动区域。运动会开始，各班集合，举行简短的仪式后，每个幼儿可自由到各个区域参加体育活动。教师分别在各个区域内指导幼儿活动，并对参加活动的幼儿和活动取胜的幼儿发给奖券，孩子可凭奖券的多少领取奖品。幼儿可根据自己的意愿结束活动。区域活动的内容包括大型器械区、钻爬区、骑车区、投掷区、平衡区、体育技能赛区、休息区等。

区域活动型运动会的特点是：准备工作比较简便，孩子参与活动的时间较长，自主性强，既能满足幼儿参与活动的愿望，又有锻炼身体的实效，同时还能使幼儿获得与各年龄班幼儿相互观察、学习、交往的机会。年龄小或独立性差的幼儿，可以在家长陪同下参与各区域的活动。区域活动型运动会，必须建立在幼儿园室内外活动场所多、器材多、平时经常开展小型的区域体育活动，孩子积累了有关区域活动经验的基础上举行。

4.幼儿运动会的内容

幼儿运动会的内容一般包括表演和比赛两部分。

（1）表演内容

①体操

每个班都要表演已经学过的幼儿基本体操，或简单的律动、舞蹈动作，或简单的动作技能（如拍球、猴子式爬、钻圈等）。要求班级中每个幼儿都参加。

②游戏

每个年龄组都要开展一两项简单的并适合本年龄组幼儿能力水平与兴趣的小型游戏表演。例如，托儿班、小班的游戏有"拾麦穗""送娃娃回家""动物找食""小兔采蘑菇"等；中班可以进行自我服务，如穿衣、穿鞋、叠被子等；大班可以组织球类游戏、跳皮筋、"两人三足走"的合作活动等。

幼儿运动会中，除了幼儿参与的活动外，还有教师、家长或社区人员参与的活动。

（2）比赛内容

幼儿运动会的比赛内容主要包括以下三点：

①基本动作项目；

②基本球类动作项目；

③自行车、跳绳等。

5.幼儿运动会的组织

运动会因为参与人数众多，涉及的管理、服务工作繁杂，因此组织工作也比较繁重。幼儿运动会的组织一般从准备工作、运动会进行中的工作及运动会结束后的工作来探讨。

（1）准备工作

①制订计划

计划内容应该包括运动会的目的、表演和比赛的日期、工作步骤、项目程序表、人员分工、奖励办法、奖品准备等。

②拟定运动会程序

运动会程序一般包括：入场式→园长和儿童代表讲话→运动员退场→表演和比赛开始→总结、颁奖这五个阶段。

③做好上级、来宾和家长的邀请工作，并安排好相关的表演节目。

④确定幼儿的相关项目，包括项目的顺序、人数、名单等。

⑤确定运动会的场地，准备好器材、奖品及冷饮等。

（2）运动会进行过程中

①按运动会程序紧凑、活泼地进行。

②组织好参观助兴活动。

③控制运动会时间，时间不宜过长，1～2小时为宜。

（3）做好总结工作

整理拍摄照片或纪录片，并将工作总结写成书面材料，其总结工作的内容包括：召开运动会对儿童教育的效果、教师工作的经验总结、家长工作的经验总结，整理一些好的表演和比赛项目作为今后运动会的固定内容。此外，对工作表现出色的教师和工作人员要充分肯定，给予表扬。

6.幼儿运动会的注意事项

①要面向全体，尽量让每个健康的儿童都能参加项目，运动会结束时，应给每个班颁奖，并赠送给每个幼儿一件小奖品。

②运动会应与日常的体育活动结合好。运动会的项目应来源于日常的体育教学和体育活动的内容，可以通过日常的练习过程，为参加运动会做准备。运动会的准备工作在开学初就应准备好，准备时间可以长一些，尽量不要占用其他活动的时间，要保持正常的教学活动。

③运动会选择的项目要适合各年龄层次的幼儿，且项目数量不宜过多。

④运动会前后要与家长保持密切联系，了解孩子的情况，互相配合好。

⑤运动会之前要与附近的医院取得联系，如发生事故能及时处理；还要提前了解天气预报，保证运动会的顺利进行，如果天气骤变，应改期举行。

⑥做好卫生保健工作。运动结束前要细心观察和检查幼儿，注意儿童的运动负荷量不宜过大；运动会后，要跟进幼儿的营养、休息、卫生情况等工作。

（二）三浴锻炼

三浴锻炼即风浴（或称空气浴）、日光浴和水浴，是一种利用自然因素进行锻炼的手段，也是增进学前儿童健康的重要措施之一。

1.三浴锻炼的意义

幼儿的身体正处在关键的生长发育之中，且身体的各项机能还未发育完善，对于外界环境的适应能力还比较弱，很容易因为环境的改变出现感冒等症状。而三浴锻炼可以有效地提升幼儿对环境变化的适应能力，对于幼儿的健康成长是有很大的好处的。除此之外，三浴锻炼的过程中，需要幼儿克服一些困难，这对于他们的品质锻炼也是有益的。

2.三浴锻炼的内容

三浴锻炼往往是安排在一个时间段内连续进行的，如先进行一个较短的热身体操活动，然后进行日光浴和风浴，再进行一个较短的热身体操活动，最后进行温水（冷水）浴。

三浴锻炼主要包括日光浴、风浴（空气浴）和水浴锻炼。

（1）日光浴

夏天可戴小帽，在树荫下赤身晒太阳。可从每次 3～5 分钟，逐渐增至 8～10 分钟。春季可让四肢外露，冬季尽量让面部皮肤外露。

（2）空气浴

让幼儿大面积的皮肤外露，利用外界气温和体表温度之间的差异引起的刺激作用来锻炼身体。夏天可从每次两三分钟逐渐增至 8～10 分钟，冬天每天 20～30 分钟，每天 1～2 次。

（3）水浴

水温以 35～36℃ 为宜，用水冲洗四肢和躯干，水量不超越锁骨，取半卧位，每次浸浴 5 分钟为宜。

3.三浴锻炼的组织指导

①三浴锻炼需要在气候条件和气温条件都比较适宜的情况下进行。体质虚弱的幼儿需要谨慎地逐步过渡，健康的幼儿也需要从比较适宜的气温和水温开始最初的锻炼。

②让幼儿和家长了解三浴锻炼，并在家长自愿的情况下引导幼儿进行三浴锻炼。

③根据当地的季节特点和幼儿园的条件，认真制订适宜、适时锻炼的时间表和具体项目的内容。

④做好各项检测工作和卫生安全保障工作。

⑤注意锻炼循序渐进。

⑥注意培养幼儿的安全意识，建立必要的安全行为规范，做好事故防范工作。

（三）远足活动

《纲要（试行）》中多处明确指出，幼儿园应与家庭、社会密切配合，综合利用各种教育资源，即充分利用自然环境和社区的教育资源，扩展幼儿生活和学习的空间。这就需要经常带领幼儿走出幼儿园，到社会大空间学习更多的知识、经验，逐步学会适应生活，适应社会。走步是强心健体的法宝，百练不如一走。远足是一项有目的、有计划、因地制宜的、符合幼儿身心全面和谐发展的、具有综合性教育内容的阶段性活动。

1.远足的意义

走出幼儿园，走向更广阔的天地，可以锻炼幼儿身体，促进其身体形态、机能的正常生长、发育；培养幼儿在生活中正确运用走、跑、跳跃等基本动作技能；提高幼儿的身体素质和基本活动能力，增强幼儿身体的适应能力和抵抗疾病的能力。

通过活动，可以扩大幼儿的视野，欣赏大自然的美景，领略大自然的美妙，增长知识，提高幼儿的观察力、注意力、思维能力、认识能力和语言表达能力。通过活动，可以培养幼儿热爱祖国、热爱家乡、热爱他人的良好情感，养成自觉遵守社会道德规范、文明礼貌的良好行为，培养幼儿适应环境、认识自我、克服困难、持之以恒、自立自理等能力。通过活动，使幼儿开心、开朗、活泼、愉快。

2.远足的内容

不同地区幼儿园的远足活动的内容有所不同，城镇地区的幼儿园可以采用春游、秋游等方式实现远足活动，可以带幼儿们去植物园、公园等地游园。村镇地区的幼儿园则可以带领幼儿有计划地去田野等地进行远足锻炼。无论是安排什么样的活动，远足的重点都在于持续性地走一段路。

3.远足的组织指导

①根据幼儿的实际情况循序渐进地开展远足活动。
②开展远足活动之前，要进行安全教育，强调外出纪律。
③注意结合沿途景象进行随机教育。
④注意鼓励和帮助娇气和体弱的幼儿。
⑤做好安全防范工作。若路途较远，必须带好应急药品或有医务人员随行。

4.远足的注意事项

①充分利用自然和社会的有利条件，培养幼儿的多种能力，让幼儿亲自参加一些力所能及的实践活动，积累生活、社会的知识经验。
②及时召开家长会，与幼儿家长保持密切联系，取得家长的支持与合作，使幼儿的活动取得更大的效应。
③不断再现活动概况，巩固成果。每次活动后，请幼儿复述活动过程，其中包括活动路线、观察的事物、目的地、身体感觉、心理感受和愿望、受到的教育等。教师分析幼儿的表现，不断地给予鼓励、表扬，激发幼儿活动的情趣和愿望；利用幼儿园的各种环境和设备条件，创编各种游戏，使幼儿的综合教育活动得以延伸、发展，从而达到最佳教育效果。

第二节 幼儿园体育教学的实施

幼儿园体育活动的实施就是将幼儿园体育活动设计的蓝图转化为实际的过程。下面就体育教学的实施原则、实施要点和实施方法进行探讨。

一、幼儿园体育教学的实施原则

（一）安全性原则

安全性原则是幼儿园实施体育教学应当遵循的一个基本原则。幼儿的年龄较小，体力也比较弱，安全意识也很薄弱，在体育活动中常常会忽视安全问题。因此，保证幼儿的安全就需要花费更多的工夫。幼儿教师在进行体育教学活动的设计工作的时候，要注意选择适合幼儿的体育教学项目。幼儿教师要对运动卫生知识有一个全面的认识，了解一些安全问题发生时的处理手段。幼儿教师还要确定保证安全的规章制度，并对幼儿再三叮嘱，强化他们的安全意识。在开始体育教学前，幼儿教师还要认真检查幼儿的着装是否符合运动要求，口袋里是否有硬物，杜绝安全隐患。

除了这些外，幼儿教师还要从以下多个角度来保障幼儿的安全。在幼儿参与体育活动前，教师要教会幼儿正确的呼吸方法。在运动过程中，教师要时刻关注幼儿的运动情况，避免运动过量。还要充分强调活动中的安全要求，不断提醒参与运动的幼儿。例如，在进行投掷性活动时，教师要反复叮嘱幼儿不能面对面投掷。在幼儿情绪比较激动的时候，教师要采取有效措施调节他们的情绪。总而言之，安全性原则应当被落实于开展整个幼儿园体育教学的过程中。

（二）主体性原则

幼儿园体育教学活动是针对幼儿开展的，幼儿是活动的主体。主体性原则要求幼儿教师在组织开展体育教学活动的过程中，要切实帮助幼儿发挥他们的主体性作用，不断增强他们的主体意识。并且，幼儿教师还要根据不同幼儿的特点，为他们选择合适的体育活动。在教学中，也要综合运用各种方法来增加幼儿参与活动的兴趣，进一步激发他们的主动参与性。

（三）适量性原则

一切的体育活动都应当遵循适量性原则。幼儿的年龄较小，身体处于发育中，在开展体育教学时，更要注意适量性原则。并且，运动的负荷量的大小，对幼儿身体的发育情况是有直接影响的。若是运动的负荷量较小，很难起到锻炼身体、增强体质、促进身体发育的作用。但是运动的负荷量较大，又会损害幼儿的身体，影响正常发育。并且，过大的运动量，会让幼儿过于劳累，可能会让幼儿产生讨厌运动的心理。严重时，甚至还可能会进一步引发运动安全事故。因此，适当的运动量就显得尤为关键。幼儿教师在组织开展体育教学的时候，一定要对运动量有一个全面性的把握，避免运动量过多或过少情况的出现。

（四）兴趣性原则

幼儿园体育教学是针对幼儿展开的教学，因此不管是在知识的传输、游戏的设计上，还是讲述的形式、方法和内容上都要符合幼儿的年龄特征，既是他们能接受的，又是他们喜欢的。这样才能引起他们的兴趣，最大化地激发他们的积极性，把被动接受转化为主动学习，才能学得更快，记得更牢固。

（五）日常性原则

日常性原则是指学前儿童体育活动的时间必须安排在每日的生活中。学前儿童身体的机能水平和适应能力只有经常地、不断地参与运动才能逐渐提高。这就要求幼儿园的体育教学应当被安排于每天的学习中。理想的情况是每天开展 2 个小时左右的体育教学活动，其中要兼顾室内体育活动和室外体育活动的时间，最好是室内体育活动 1 小时，室外体育活动 1 小时。在安排体育教学活动的时候，要注意遵循一动一静的方式，一般在开展过比较安静的智力活动之后，可以紧接着安排体育教学活动，让幼儿劳逸结合，更好地锻炼身体。

（六）全面发展原则

在开展幼儿园体育教学的工作中，一定不能出现着重强调幼儿某一方面的素质或者活动能力的情况，而应当使其身体的每个部位、每个器官的生理机能、每一项身体素质以及活动能力都得到充分的锻炼和发展。在幼儿身体锻炼的活动中，应尽量使幼儿身体的各器官系统、各个部位的机能和基本活动技能得到全面的发展；同时也要注意培养幼儿的个性、意志品质和使幼儿得到社会性的全面发展；为其今后更好地适应社会环境打下良好的基础。另外，坚持全面发展性原则，要求在每一次的体育活动中应该尽量达到使幼儿的身体各器官、各部位的功能及基本活动的能力得到全面的锻炼和协调发展的目的。例如，活动重点是下肢的活动（跳）时，就应该再添加一个上肢的活动（投掷）或者安排一个让下肢休息的环节（爬），来减轻下肢的负担，使身体全面协调发展。在开展体育活动时，应当把上肢和下肢部位的活动、左侧和右侧的肢体活动互相结合起来。

在具体的实施中，可以从以下三方面考虑：首先，在每个年度或者学期开始制订体育计划时，要把不同的教材科学合理地搭配起来，设计出来的体育活动能全面锻炼幼儿不同的身体部位、不同身体素质和活动能力；其次，临时选择的课程和体育活动，也应当考虑到全面性；最后，尽量尝试设计出更加新颖的体育游戏和活动，最大化地激发幼儿的兴趣。

（七）动静交替原则

动静交替原则具体指的是在开展各种幼儿园体育运动时，不仅要注意活动的重要性，同时也要注意活动的节奏性，要快慢结合，动静交替；要适当地对性质和类型不同的运动进行科学搭配，使其满足动静交替原则。之所以这样做，是因为人的大脑皮层活动是镶嵌式的，不同的活动会对应不同的大脑皮层兴奋区，而活动的改变也使得这些兴奋区发生了变化，这样一来各个区域的大脑皮层轮流休息，尽量避免大脑皮层的过度疲劳，有利于较长时间保持工作能力。就幼儿的情况而言，其神经系统正在不断地生长发育中，兴奋非常容易扩散，无法保持较长时间的注意力，因此更应该遵循动静交替的原则。

（八）从实际出发原则

在开展体育教学工作时，不能脱离实际，既要考虑到幼儿的身体发展状况和年龄特点，也要结合幼儿园和所在区域的实际情况，设计出不管是内容任务还是组织形式和方法都真正符合需求的体育运动。唯有如此，才能使幼儿真正受益，以便于教学工作的顺利展开。在日常的教学工作中，体育教师要对幼儿多加观察，深入了解，真正熟悉每个幼儿的具体情况；根据掌握到的情况有的放矢地进行教学指导，但是也要做到一般要求和特殊对待互相结合，不能有失偏颇；无论开展何种体育活动，都要牢记幼儿的年龄特点，掌握好活动的分寸。

（九）挑战性原则

要在关注幼儿运动的可能性和自发性的基础上，设置一些具有一定挑战性的体育教学活动。幼儿们在这些体育教学活动中，可以进行新的尝试与探索，也会对自己的运动行为进行调节，积极开动脑筋完成运动任务。在这样一个过程中，幼儿的综合素养能得到比较全面的提升。

二、幼儿园体育教学的实施要点

（一）良好掌握幼儿身心素质的特点

幼儿园体育教学针对的是学前儿童，在开展教学工作时要依据他们的体质、年龄、体能、兴趣等身心素质特点以及客观的发展规律来进行设计，使课程的内容、方法以及形式更加有针对性和目的性。只有彻底掌握幼儿的身心发展特征，才能得到真正有利于幼儿身心发展的教学效果。

（二）明确体育活动的目标和内容

在对幼儿的身心素质的情况有一个全面的了解和掌握后，就可以对体育活动的目标和内容做出具体的规划了。体育活动的目标可以分为学年目标、学期目标、单元目标、课程目标等，针对这些不同的目标，再确定体育活动的具体内容。在设定具体的内容时，要注意对课程中可能会出现的学习情况进行综合的罗列，并且制订解决这些情况的具体的办法，以保证体育教学课程的顺利实施。

（三）根据实际情况设定单元教学目标

结合幼儿的体能、体质和动作发展水平，分配各单元每次学习动作技能的次数，确定每次课上重复动作安排的次数和所选择教学动作技术的难度，并对可能发生的学习情况加以罗列，给出不同问题的解决方法。

（四）合理设计体育活动的内容

体育活动内容不能是千篇一律的，而应该有不同的侧重点。具体的实施中可依据幼儿的兴趣爱好及内容、环境、场地器材条件等来进行设计，寻找合适的活动方式。

三、幼儿园体育教学的实施方法

为了实施体育活动的目标，保证幼儿掌握各种动作技能，促进幼儿身心健康发展，必须采取正确的活动方法。运用的方法是否恰当，不仅关系到幼儿的求知欲、兴趣和积极性，而且会直接影响幼儿是否能很好地学会简单的体育常识和技能，达到锻炼身体的实际效果。幼儿园体育活动实施的方法多种多样，要因地制宜、有的放矢地选择运用。下面集中介绍六种主要方法。

（一）提示法

提示法是幼儿教师在开展幼儿园体育教学课程时最常用的一种教学方法。具体是指，幼儿教师通过一些比较简单、明确的语言、口令、信号来对幼儿的体育活动进行指导。在幼儿做走步练习时，教师可以提示幼儿要"昂首、挺胸、跨步"；在幼儿做跳远练习时，教师可以提示幼儿要"注意蹬腿"等。提示法的特点就是明确、有效，具有很强的针对性。在使用这个方法时，要注意语言的简练性和熟悉性，熟悉性是指要用幼儿比较熟悉、明确的话语来进行提示，避免幼儿听不懂。教师的声音要充满感情，语气要缓和一些，尤其要注意，不能用恐吓、埋怨等语气来进行提示。音量也不宜过高，避免吓到幼儿。运用口令和信号提示时，口令要洪亮、亲切、准确，语气要果断，声调要有情感。信号如拍手、音乐等，如用喊数指挥幼儿做操，以使幼儿保持动作整齐一致，分清轻重，掌握节奏；用鼓声来发展幼儿动作节奏感，调节幼儿步频，激发幼儿参加活动的兴趣，活跃游戏气氛。如有条件可用音乐伴奏，它既能培养幼儿动作的节奏感、韵律感，又能激发积极性，增加动作情感色彩，培养美的情感。信号的运用要及时，声音高低要适当，像音乐、鼓点等连续讯号的速度和节奏都要根据动作和游戏情节的需要而变化。

（二）示范法

每个领域的教学内容都有独特性，体育活动与其他活动最大的区别就是体育活动的内容核心是大肌肉动作。活动的内容围绕某些大肌肉动作开展，所有活动内容的设计和活动目标的实现都建立在这些动作之上。也正是由于体育活动的这一特性，使得动作示范法非常适合被运用于体育活动之中。

动作示范可以按照示范者的朝向和动作方向分为正面示范、侧面示范、背面示范和镜面示范。正面示范是教师正对幼儿，既能观察幼儿动作，又能随时与幼儿进行互动，是教师最常用的示范方式；但是，教师进行操节示范，或者示范投掷、单脚跳、跨跳等左右不对称的动作时，镜面示范就是更好的选择，幼儿不必进行思考，仅仅通过观察就能够直观地判断动作的左右方向；当教师希望幼儿跟随自己的示范动作边看边练习的时候，背面示范就有了用武之地，幼儿可以跟在教师身后边看教师的动作边模仿，包括跑、跳、钻、爬等移动类动作；还有一些动作的动作要领从正面和背面都不容易观察到，只能从侧面观察到，比如双脚连续跳的脚尖落地和单脚连续跳的摆动腿并上提，在正面示范和背面示范中都不容易被观察到，这时，教师就需要使用侧面示范帮助幼儿全面认识这些动作要领。

由此可见，这四种示范方式没有优劣高下之分，每一种都有其适合的应用场景，教师应当站在幼儿的角度分析哪种示范能够让幼儿更好地观察和理解动作要领，也可以在一次动作示范中进行多角度示范。

在进行动作示范时，教师还要注意以下四个方面：

①示范要有明确的目的

幼儿教师在进行每一次动作示范的时候，都要有明确的目的，这样才能避免胡乱示范。在教授新的体育动作的时候，教师示范动作是为了让幼儿对要学习的动作有一个清晰的认知，了解自己将学习的动作。在示范时，教师可以先按照正常的速度做一次动作示范，然后再适当进行慢动作示范，或是分解动作示范。示范的次数要合适，避免示范太多，反而分散了幼儿的注意力。

②示范要正确，并熟练优美

动作正确是进行示范的基本要求，在做到这一点的基础上，幼儿教师还应做到动作的熟练和优美。当幼儿教师为幼儿进行第一次动作示范时，幼儿会对该动作产生兴趣，并留下一个深刻的印象。因此，在第一次动作示范时，教师一定要将动作做到位，要让动作看起来比较优美。教师还要注意，不要模仿幼儿的错误动作，因为幼儿好奇、爱模仿，看了错误的示范常会跟着学而干扰正确动作技能的形成。注意不要让动作有错误的幼儿出来做动作让大家分析，这会伤害幼儿的自尊心。可让动作做得好的幼儿出来做示范，但不要总让几个幼儿出来示范，以免引起幼儿的骄傲情绪。

③要引导幼儿观察示范

示范前，要集中幼儿注意力，激发他们的观察兴趣，也要引导他们选择观察顺序和观察部位。在幼儿轮流做动作时，教师可引导幼儿相互观察，并可结合幼儿做的动作讲评。

④让所有幼儿都能看到示范动作

在人数较多时，为了让所有幼儿都能看到示范动作，教师应当关注幼儿的站位。以教师示范为例，可以采用教师站在中间，幼儿围绕教师的方式，也可以采用幼儿站成两排面对面的横队，教师站在中间的方式。第一种方式耗时少、容易组织，适合小结中使用；第二种方式不会遮挡幼儿视线，也能够给教师更大的示范场地，适合用于介绍游戏玩法和活动总结，因为这两个环节本身就需要教师集合幼儿，同时也需要教师做更加细致的讲解。

（三）情境教学法

3～6岁幼儿的思维模式以具体形象思维为主，这要求教师在教学过程中利用语言、设备、游戏、音乐、绘画等手段，为幼儿创设具体、生动、形象的氛围和情景。在活动中贯穿一定的情境和游戏，通过问题情境和游戏情境的方式，可以激发幼儿参与活动的兴趣和积极性并能做出相应的反馈。例如教师在组织侧面钻的教学活动中，以小红军抢夺敌方阵地引发游戏情景，并在整个活动中，幼儿始终扮演小红军的角色，通过侧面钻的方式通过"敌人封锁区"，到达"敌方阵地"，将整个活动过程融入游戏情景当中，激发并保持幼儿的参与兴趣，让幼儿在快乐的游戏中学习侧面钻的动作技能。为了让幼儿沉浸于游戏情境当中，教师还可以借助具体形象的玩具和教具，比如在小班体育活动"小兔子运萝卜"的游戏中，可以给幼儿戴上兔子耳朵，让幼儿更好地融入小兔子的角色中；再如大班小红军"过草地"的游戏中，通过给幼儿戴上小军帽，让幼儿更加认可自己小红军的游戏角色。

（四）信号法

信号法是指用口令、哨音、音乐、鼓声、拍手等声响来帮助和指导幼儿进行身体锻炼的方法。口令是身体锻炼活动中常用的信号，在组织幼儿排队、队形变换及做操时经常被使用。使用口令时应做到声音洪亮、清晰，有节奏、有感情，并正确分清动令和预令。其他信号如哨音等有利于发展动作的节奏感，活跃活动场地气氛，培养幼儿分辨信号的能力。在使用时，应注意根据动作的特点和活动情节的变化，改变信号的节奏和速度。幼儿园身体锻炼的方法是多种多样的，在具体开展活动时，应注意综合运用多种方法，并根据幼儿的身心状况、活动的内容和组织形式、场地、器械等具体情况灵活运用。

（五）提问法

为了推动体育活动的进行，教师在设计体育活动时经常会用到提问教学法。提问的方式有很多，包括鼓励性提问、矛盾性提问、发散性提问、开放性提问、层次性提问、积极有效追问等，利用多种提问方式帮助幼儿掌握动作要领的核心经验。例如在双脚连续前进跳的活动中，教师首先可以向孩子们进行开放性提问"小兔子都可以怎样跳？"幼儿自由探索后，总结分享多种跳的经验。然后教师进行聚焦性的提问"那么双脚连续跳需要怎么做？"当幼儿说出"双脚合并、连续向前跳"时，教师还可以继续进行层次性提问"除了这些，怎样才能跳得远一点、高一点？"鼓励幼儿继续探究双脚跳的动作等。通过上面的例子不难看出，教师通过开放性提问引发幼儿思考，此时的思考只是浅层次的，教师要根据幼儿的回答和在游戏中的表现进行追问，在教师的不断追问中，幼儿的思考也会逐步深入。

（六）练习法

练习法是指在教师启发指导下，根据体育活动目标和要求使幼儿反复进行身体练习以完成活动任务的方法。它是掌握技能、发展基本活动能力和锻炼身体、增强体质的基本方法。培养优良品德、发展能力的体育活动目标也是通过练习而实现的。要充分认识和发挥练习法在活动中的作用。运用练习法应做到以下三点：

①目的明确，要求具体。例如，游戏——"老狼老狼几点了"是发展快跑能力的练习方法。游戏活动的主要目的是发展幼儿直线快跑能力；其次是发展注意力、灵敏性和勇敢精神。那么练习主要要求是"老狼"必须走过一定距离后（可画线或以其他物体为标志）才能转身抓人；"小羊"要主动前进，不要躲在后面不往前走，要注视老狼的动作，倾听其答话，随时做出逃跑动作。

②练习方法要多样化。幼儿对世界充满了好奇心，且在培养兴趣中，因此，练习的方法要避免单调。在练习直线快速跑的时候，不要只让幼儿来回跑，那样会没有趣味性，可以采用窄道跑、追逐跑、接力跑等方法来练习，增加练习活动的趣味性。

③练习要分清主次。每次练习都要分清主次，突出重点。比如，在进行快速跑练习时，活动任务主要是改进蹬腿、摆臂动作，则练习中就着重抓蹬腿和摆臂，可减少跑的距离，要求蹬腿快速有力，摆臂方向、幅度正确。在练习过程中反复强调这两个具体要求，及时表扬动作做得正确的和有进步的幼儿。

幼儿园常用的练习法有以下五种：

1. 重复练习法

重复练习法强调重复二字，幼儿在重复练习一个动作中，可以很快地掌握动作要领。这个方法也是幼儿园体育教学中最常用的一种练习方法。在运用重复练习法时，要注意合理地规定重复次数。

2.条件练习法

这种练习法是一种设置一些需要达成的条件来促进练习的方法。幼儿为了达成设置的条件，会积极进行练习。例如，向上跳摸物练习中，需要摸到物体就是这次练习中设置的条件。

3.循环练习法

这种练习法是将几个要做的练习串联起来，进行依次重复练习，也可以算作是一种变化的重复练习法。这种方法在幼儿园的早操和户外体育活动中比较常见。

4.完整练习法

这种练习法强调练习过程的完整性，运用完整练习法，可以帮助幼儿快速完整地掌握整套动作。但是，这种方法仅仅适用于一些比较简单的练习活动。在比较复杂的练习中，这种方法的效果会受到影响。

5.分解练习法

分解练习法是一种将要练习的整套动作分成几个环节进行练习的方法。幼儿将这些分解环节的动作都掌握好以后，再将这几个环节串联起来，就可以掌握完整的动作。例如，在练习跳远动作的时候，可以先练习摆臂，再练习跳，然后在跳的同时进行摆臂，就可以学会整个动作。这种练习法尤其适用于一些比较复杂的动作的练习，可以让幼儿很容易地掌握复杂动作的要领。不过需要注意的是，在对动作进行分解处理时，既要分解到位，又不要将动作拆分得过于零散。

第三节　幼儿园体育教学的效果评价

对幼儿园体育教学效果做出评价的根本目的在于对过去进行反思，吸取工作教训并做好处理解决问题的方案，在未来的工作中杜绝类似问题的发生，使幼儿园体育教学活动得到进一步的改善和改观。评价是与整个教育有关的一个重要方面，其中对学习效果的评价，是整个评价工作的中心。

一、开展幼儿园体育教学效果评价的意义

幼儿园体育教学的效果评价是幼儿园教育评价的重要组成部分，是激发幼儿参与体育活动的积极性、引导教学方向、不断提高体育活动质量和使幼儿得到个性的全面发展的基本手段，是幼儿园体育活动中理论指导实践的主要途径。具体来说，开展幼儿园体育教学效果评价的意义主要有以下三点：

第一，以幼儿身心发展的目标为根本评价观，舍弃了以往过于强调教师主体性和权威性的教学模式，改变了随意游戏或让幼儿过多处于被动、单一学习技能的状态，让课程更好地为幼儿身心发展服务。

第二，评价作为体育活动过程的一部分，能促使教师及时发现问题并解决问题，从而更好地推进幼儿园体育活动的不断发展与完善。

第三，评价的多元性，使得教师能针对不同类型的体育活动对幼儿进行适当的评价和反馈，让幼儿体验运动的快乐。

二、幼儿园体育教学的效果评价原则

幼儿园体育教学效果的评价是了解体育教学活动的适宜性、有效性，调整和优化教学活动，促进每个幼儿身体动作发展，提高体育教学活动质量的必要手段。对幼儿园体育教学效果实施的评价和教育反思，不仅有助于及时发现、研究和解决幼儿在活动中动作学习与练习及身心发展存在的问题，而且有助于提高幼儿教师的专业化水平。在对幼儿园体育教学效果进行评价时应遵循以下五个原则：

（一）方向性原则

幼儿园体育教学效果的评价，实质上是对体育活动目标实现程度做出的价值判断。目标具有规定行动方向，指导教学实践的作用，可以使教学活动有目的、有计划地实施，而不是随意盲目地进行。目标不明确或者目标错误将导致

体育活动方向的偏离和教学质量的下降。因此，学前儿童的体育活动评价必须保证正确的方向，必须以教育部颁发的《纲要》和《指南》为依据，以幼儿身体健康发展需要为主线来开展相应的评价。

（二）发展性原则

对幼儿园体育教学效果的评价应注重对过程的评价。对过程的评价主要是通过揭示存在的问题，向执教教师及时反馈相应的问题和信息，以促进教学工作的改进。通过评价了解儿童的发展需要，以便教师为幼儿提供更适宜的指导和帮助，从而促进幼儿身心的发展。

（三）可行性原则

可行性原则是指在幼儿园体育活动评价的设计与组织上要从实际出发，各项指标应是在现实条件下能基本达到的。根据可行性原则，评价方案设计要通俗易懂、简便易行，评价项目的多少及等级要合理，不能过于复杂。评价指标体系要从体育活动特点出发，是教师和幼儿经过努力能够达到的，这样才能促进幼儿园体育活动质量的提高。

（四）科学性原则

在幼儿园体育活动评价过程中，应科学设计和安排评价标准，努力提高评价的科学化水平，防止评价中的盲目性、随意性和经验主义倾向。贯彻科学性原则，首先要强调评价理论与技术的科学性，提高幼儿园体育活动评价实施者对评价理论与技术的掌握程度。

（五）静态评价与动态评价结合的原则

幼儿园体育活动中的静态评价，便于看清每一个年龄阶段的幼儿是否掌握了某项技能。对每个幼儿的纵向比较，有利于看清幼儿的学习过程，从而发现其发展的规律。

三、幼儿园体育教学效果的评价方法

通常对儿童体育活动中的评价主要从生理负荷和心理负荷两个维度来评价，常用的评价方法主要有日常观察法和测定法。测定法主要是对幼儿的脉搏和心率进行测定。

（一）日常观察法

日常观察法是所有幼儿教师在组织实施体育活动中最常用的一种评价方法。主要是从幼儿动作完成的质量，掌握的熟练程度和标准程度，运动中（幼儿面色、呼吸、出汗量、幼儿注意力等）和运动后（食欲、睡眠、精神）幼儿的身体状态来判断运动量是否适宜。

（二）脉搏或心率测定法

与观察法相比，脉搏及心率测定法是一种比较客观的评价方法。它通过对幼儿脉搏及呼吸频率的测定来观察孩子的身体在运动中和运动后分别处于一个什么样的状态。通常幼儿园最常用的是脉搏测定，通过在体育活动中，多次测定幼儿的脉搏并进行记录，掌握幼儿在运动中脉搏的变化，以此来分析运动负荷的安排是否合理。

在对幼儿进行脉搏测定前，测试的教师需要提前了解到主班教师组织的体育活动的内容与教学过程，并在活动时准备好秒表和记录表，然后与主班教师商量确定好要测定的对象。通常选择一两名有代表性的幼儿，选择所测定对象的运动水平最好是班级中运动水平中等的幼儿。确定好测定对象后，教师要提前与幼儿进行沟通，并告知幼儿，让幼儿有一个心理准备，消除幼儿对测试的恐惧感，并能积极与老师进行配合。

在体育活动开始前的 5 分钟，负责测试的教师首先测量选定的对象相对安静状态下的脉搏数。幼儿开始运动后，可以采取练习前和练习后测定的方式。这种测定通常是在主要的动作练习前后或者在能使运动量有明显变化的练习前和练习后进行测定。在幼儿运动结束后，需要再次测定脉搏恢复情况。

测定结束后，教师将所测试数据换算成每分钟心率。通常认为幼儿在体育

活动中的平均心率为 140 ～ 170 次 / 分，不超过 180 次 / 分、不低于 130 次 / 分是比较适宜的。

四、幼儿园体育教学的效果评价内容与指标

（一）幼儿园体育教学效果评价的内容

幼儿园体育教学效果评价的内容主要包括教学目标、教学准备、教学实施、教学反思和活动效果等方面的评价。

1. 评价体育活动教学目标

教学目标是对教学后幼儿能表现出来的动作掌握情况和身体素质状况的可见行为的具体、明确的表述。教学目标的设定是体育教学活动的关键，它决定着体育教学的总方向，决定着活动实施过程中教学策略、教学过程等的设计。因此在开展幼儿园体育活动评价时，一定要评价执教教师的教学目标设定得是否适宜。要评价幼儿园体育活动目标的适宜性，可以从以下三点进行思考和判断：

（1）评价目标的表述的准确性和层次性

要评价一次体育活动目标的适宜性需要看看活动目标表述得是否准确并富有层次、目标表述的行为主体是否一致。活动目标要么统一从教师角度进行表述，要么统一从幼儿角度进行表述。从突出学前幼儿的主体性来说，在确定目标时最好从幼儿角度出发，同时表述时要注意用词的准确性以及语句的流畅和通顺。

（2）评价教师对体育活动目标定位的全面性

教师在目标的设定上要考虑 3 ～ 6 岁不同幼儿参与体育活动的程度等。目标的设定应该全面，包括情感态度、认知和动作技能这三个维度，同时还要注意重难点突出。

（3）评价活动目标的达成情况

一次体育活动结束后，教师要分析设定的活动目标是否全部实现。在评价时一定要考虑活动的及时效应以及发展的潜在性问题，需要从长远角度以及幼儿的健康方面来考虑。

2.评价教学准备工作

（1）评价教学目标

一项好的体育活动是可以与幼儿原本的经验与发展水平相连接的，是不能够跳脱这一要求的。因此，教师在制订教学计划时，一定要对幼儿本身的经验进行了解和分析，并在此基础上设定合理的教学目标。在评价教学目标时，也要重点考虑这种情况。

（2）评价活动器材的投放

有效活动器材是体育活动的物质支柱，是幼儿进行活动的工具。器材投放得是否科学得当，对幼儿的发展会有一定的影响。

①评价投放器材是否多样化和具有动态性

评价幼儿园体育活动的材料准备与投放是否科学合理时，一定要结合班级幼儿的实际发展情况以及该次体育教学活动的重难点来考虑，看看其是否多样化和具有动态性。例如，在小班投掷活动中，材料的投放可以创设成给小动物喂食的情境，投放多个画着不同动物大嘴巴的纸箱。例如，兔子、小猪、小猫、小狗等。还可以多种投放方式相结合，如将动物头像固定在呼啦圈上，将呼啦圈悬挂起来，引导幼儿进行投掷等。这样活动材料不仅体现出多样化，还体现出动态性。

②评价投放材料是否具有层次性

评价体育活动时，还要特别注重评价投放的材料是否具有层次性。投放的材料器材既要符合幼儿的原有水平，又要能促进其在原有水平上发展。在面向全体幼儿的同时还要兼顾个别差异，如在大班体育活动匍匐爬的游戏情境中，教师要根据班级幼儿能力水平的差异设置山洞中铃铛的高度，铃铛设置要体现出层次性。能力强的幼儿从低一点的山洞爬过，能力弱一点的幼儿可以从高一点的山洞通过。

3.评价体育活动实施过程

（1）评价活动组织的方式与方法

所谓活动组织方式与方法是否得当，是指教师是否用有效的方法组织幼儿主动学习，达成活动目标，让幼儿获得真实的发展。幼儿的学习不是一个简单的、被动的过程，而是一个积极主动的建构过程。因此，评价时首先要看教师设计的教学过程是用什么方法让幼儿学习的。

例如，在练习抛接球时，一个教师在活动开始时就直接给幼儿示范如何正确抛接球，并讲清楚注意事项，接着组织幼儿按照示范的正确方法去游戏，逐一指导幼儿。另一个教师在组织时，先和孩子们一起讨论，然后组织幼儿自由探索，自由探索结束后，大家在一起分享经验，总结好的方法，之后教师再进行正确示范，最后让幼儿继续去练习。

在这个例子中，两位教师都是为了教会幼儿学会接抛球。第一位教师运用的常规的教学方法，直接将正确的抛接球方法教给幼儿，第二位教师则是和幼儿一起讨论，让幼儿在讨论中获得启发，然后自己进行探索，再由教师对幼儿的抛接球情况进行指导，直到幼儿掌握正确的抛接球方法。第二位教师所运用的教学方法让幼儿积极思考、探索，是一种很好的教学方法。

（2）评价活动实施中的组织与分工

一节好的体育活动的实施通常需要主班教师和配班教师的通力协作才能完成。

主班教师在组织幼儿进行动作技能的探索、练习的过程中，通常会以小组的形式来开展，这样更有利于避免孩子的消极等待，同时增加孩子活动的频次。配班教师在此时是否心中带着目标去指导幼儿，是否关注到个别差异也是评价活动实施的一个关键要点。因此，体育活动实施中的组织、领导、分工和协调，成为幼儿园体育活动目标达成的重要保障。

4. 评价体育活动实施后教师的反思与活动效果

（1）评价教师的反思

活动反思是促进教师专业化成长的最有效的方法之一。通常在评价体育活动实施后教师的反思情况主要从以下几个方面考虑：教师对本次活动的目标定位，重难点反思，活动准备、教育环境创设的反思，实施过程中采用教学策略的反思，幼儿学习状况以及活动效果和本次活动的优点和缺点等，可通过以上要点评价教师的反思是否全面。

（2）评价活动的效果

评价完教育目标、活动准备、教学组织与实施后，通常还要对活动的教学效果进行评价。这也是幼儿园体育教学的效果评价的重点部分。

（二）幼儿园体育教学效果评价的指标

一般对于教学成果的评价，最直观的是看教学主体，也就是对幼儿的评价，这是教学成果的直接呈现。在幼儿评价层面，为了让幼儿家长、幼儿园园长和老师、机构经营者和教练等能清楚地看到效果，一般会选择三个方面的指标。

①基本健康指标

基本健康指标是指幼儿在幼儿园的病假率、近视率和肥胖率。病假率可以从幼儿的出勤情况中直观看出，近视率也可以从幼儿是否戴眼镜直观看出，肥胖率同样可以一眼看出。这种一眼就可以看出的身体健康类数据指标，是幼儿园体育教学效果最直观的表现之一，评价对象是一个群体。

②运动表现指标

表现指标，是指垫上、单杠、跳箱、云梯等动作的指标。这类动作表现由于具有较强的视觉效果，为很多家长和老师所青睐，幼儿若能完成也会因此产生较大的运动自信，是幼儿园体育教学中的难点。

③数据评测指标

数据测评指标包括体质和动作发展类指标。这类指标用国家和国际通行的测评标准，用持续的数据跟踪呈现的方式更科学地对幼儿进行体质和大脑发育的多方位评价，比起前两类指标，更具备说服力。

除了以上三点，幼儿平时的精神面貌、自信心、挑战欲和规则意识等，都可以成为辅助的评价指标。

第四章　幼儿园体育课程的设置

　　幼儿园体育课程是构成幼儿教育过程的重要因素之一，它存在于幼儿教育的内容体系之中。目前，我国的幼儿课程在设置上还存在着重视程度不够、教育理念僵化、课程资源不充足等问题，上述问题的存在严重阻碍着我国幼儿教育的全面进步。因此，本章将从幼儿园体育课程设置的必要性、地位与发展现状入手，重点论述影响幼儿园体育课程设置的各种因素；在本章的第二部分，将对幼儿园体育课程设置的几项原则进行研究，并对幼儿园开设特色体育课程提出意见建议。

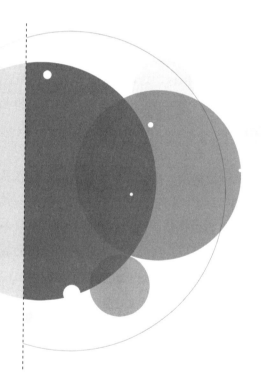

第一节　影响幼儿园体育课程设置的因素

课程的定义有很多种，以其形态而言，可以看作是现代教育的一种教学方式或载体。课程将教育的内含物、教学的大纲与原则、教学单位（一般是指教师与学生）囊括在内，教育工作者凭借各种不同的手段、方式、准则，进行科学的、有目的性的和组织性强的教育活动，将学生培养成符合社会建设要求、自我发展要求的可用之才。

虽然当前幼儿教育的改革工作正在如火如荼地进行中，国家也在大力提倡幼儿健康方面的内容，但是幼儿的体育教育推广仍然存在不少问题。例如，幼儿教师在体育课程中以理论灌输、统一驯化等方式进行教学，很难取得效果；幼儿园体育课程向小学看齐，没有考虑低龄幼儿的个体差异性；教师不能从课程的执行者转变为课程的研发者或知识的建构者（从"用什么教"转变成"教什么"）等；作为教师，没有将幼儿作为平等的"人"来对待；幼儿教师对于幼儿园体育研究的新理念或新发现要么拒绝接受，要么全盘接收，不进行筛选和优化，拿来就用，缺少自己的思索和研究，将西方模式生搬硬套到中国幼儿园体育教育中，致使我国幼儿园健康领域的活动内容难以满足我国幼儿健康成长的需要。

如何通过考验，解决目前幼儿园体育课程中存在的混乱问题，以幼儿为中心、以科学合理的方式改造幼儿园体育课程，将幼儿园体育课程的优化有机融合进教育改革的浪潮，探索如何建立完善、细致、特色化的幼儿园体育课程体系，以便幼儿教师更容易地选编体育活动内容，是当前亟待解决的问题。

一、幼儿园体育课程概述

（一）幼儿园体育课程的基本概念

早在 18 世纪，法国著名教育家、思想家、文学家卢梭就已经提出了有关儿童体育教育的观点。卢梭关注人本身的发展、健全，提倡"自然主义"，主张回归自然，形成了自然教育理论。他在自己的教育学著作《爱弥儿》中呼吁还给儿童自由，尊重儿童自然天性的发展。他还强调教师必须从儿童的天性出发，让孩子利用自己的感官去生活中实践与体验。相较于理论知识的学习，卢梭要求此时的教育要以体育为中心展开，以此推动幼儿逐步摆脱四肢限制，自由活动躯体。

对于学前儿童以及中小学阶段的体育课程，我国已经对原来的体育课程进行了扩展和延伸，将"体育与健康课程"推广开来，以身体练习为主要手段，以增进健康为主要目的。以下是对我国幼儿园体育课程的内涵解读。

第一，教学对象。以年龄划分，学前儿童是指从出生到进入小学前的0～7岁儿童。这里探讨的对象是3～7岁左右儿童的幼儿园体育课程。

第二，教学目的。对于幼儿而言，体育课程是他们在幼儿园的一天中接触到的最多的教学活动之一。也就是说幼儿园体育课程是幼儿成长过程中必不可少的基础，所以在教学目的上充分体现幼儿园体育课程的作用是幼儿园体育课程的要求，如提高幼儿的环境适应能力、促进幼儿身体的发育、增强幼儿的体能、帮助幼儿树立良好的人格品质等。

第三，教学内容。幼儿园体育课程的内容既要符合儿童身心发展的自然阶段，又必须满足幼儿全面发展的需要。

第四，教学方法。3～7岁幼儿的发育还不完全，认知也较为低级，因此在对这一阶段的幼儿进行教育时，要注意采用讲授法、合作探究法等方法对他们进行课程教学。

（二）幼儿园体育课程开设的必要性

儿童在进入正式的学校教育前，在幼儿园生活受教育的时期（3～7岁）统一被称为学前教育。这一阶段其实是人类认知速度进步最快的时期，对人未来的认识能力发展有着重大影响。幼儿在这个年龄阶段对某些知识经验和行为的学习较为轻松，倘若在这一时期没有打好基础，甚至错过学习的关键期，之后想要纠正就很难了，有时甚至是不可能的。

学前教育是我国教育体系中的最基础的教育，是开展一切教育的奠基石。这一时期也是幼儿身体发育的重要时期，在学前教育中开设体育课程，对于促进幼儿身体健康发育具有重要作用。并且，这种好处不只是体现在身体上，儿童在体育课程上参与活动时还能娱乐身心、构建健康的心理发展基础体系。儿童神经系统的健康发展也离不开幼儿期动作发展的促进，虽然幼儿时期神经系统还没有发育完全，很多情况下会限制幼儿的活动动作，但是科学、合理的体育锻炼也会慢慢促进大脑等部位神经系统的健全发育。

（三）我国幼儿园体育课程发展状况

1.我国幼儿园体育课程普遍存在的问题

第一，中国社会对体育运动的重视、关注度不足，人民大众缺少坚持体育锻炼的意识，不少家长从幼儿阶段就紧抓学习，没有认识到幼儿园体育的重要性。第二，幼儿教育工作者在体育教育方面的专业知识不足，并且幼儿园方不敢承担安全责任，幼儿园体育课程可能只是走个形式，缺乏实践。第三，幼儿园场地、教师等资源不足，无法保证每个幼儿能有足够的机会和时间参与体育活动。第四，不同教育专家和学者对于幼儿园体育课程中，游戏的占比及重要性具有不同的看法，有的对于游戏所具有的锻炼效果还存有疑虑，有的则建议将游戏作为体育课程的重点。

2.我国幼儿园体育课程实施的地域现状

（1）经济发达区域

总的来看，我国的经济发达地区主要是东南沿海一带的省市，如杭州、广州、上海、南京等城市。以上海市为例，在上海有超过一千所幼儿园，在这些幼儿园中就有41所在体育教学方面有自己的特色。通过调查其中的33所幼儿园，发现他们中大部分在开展体育相关活动课程时打破了班级和年龄的界限，实现了集体游戏和自由活动的灵活安排，实现了在运动项目的组织形式和环境利用上的特色化发展。此外，上海绝大部分幼儿园在基础设施和体育器材方面都十分完备，且半数以上的上海幼儿园建立有自己的专用体育功能室。

（2）经济较发达地区

我国的中部、北部区域为经济较为发达的地区，如武汉、长沙等城市是我国中部经济较发达城市的代表。这些地区的幼儿园在制订体育课程时都遵循《纲要》的规定，将体育课程的目标放在提高幼儿身体素质和发展幼儿身体基本活动能力上，以增强幼儿的基本运动能力。但是目前在幼儿园体育推进过程中仍然面临着一些问题：幼儿园体育活动的开展虽然以游戏为主，但部分幼儿园的体育游戏活动没有规范，缺少有效的组织，导致课堂秩序的混乱，教学效果堪忧；部分幼儿园的体育课程活动时间不足，没有达到每日2小时及以上的体育活动时间标准；部分幼儿园，尤其是较小城市的幼儿园基础设施建设不足，缺少活动资金；同时，大部分幼儿园的体育活动缺乏特色，活动内容单一，如基本体操、跑步、跳绳等，其他综合类的体育练习活动很少，只有部分规模较大、层次较高的省、市级示范幼儿园和体育特色园开设了专门的体育项目，它们一般拥有室内体操、舞蹈房、体育馆等功能性活动室，对于那些不适合在室外进行的体育活动会有计划地安排在馆内进行。

（3）经济欠发达地区

我国的经济欠发达地区基本存在于西北、西南地区，除了成都、重庆等少数大城市外，其他城市无论是公立幼儿园还是私立幼儿园基本都没有在体育教学目标上做出明确规定，依然以开展简单的体操练习为主，缺乏其他形式的体育活动，场地利用率较低，无园际交往；更严重的是，在一些民办幼儿园，由于经费不足、场地狭小等原因，导致体育器材相当缺乏；且这些幼儿园的户外体育活动基本都是以自由玩耍为主，达不到运动锻炼的目的。最困难的是，经济欠发达地区缺乏高水平、高素质、学科知识面广泛的专业幼师，没有科学合理的体育教学手段，且家长没有正确的体育观念，漠视体育运动对幼儿全面发展的重要意义。

二、影响幼儿园体育课程实施的因素

（一）宏观层面的政策指导

"少年强制则国强"，国民的身体强健与否直接关系着一个国家的发展与兴衰，尤其是还在接受教育的青少年与儿童，他们是未来建设祖国的生力军，是民族的希望。因此，国家素来十分重视少年儿童的体育与健康教育，而体育是一个直接影响到国民素质的主要因素，体育贯穿于素质教育的始终。

教育部在《基础教育课程改革纲要（试行）》文件中明确要求，"三级课程管理"是国家、地方和学校共同的任务，需要各级教育主管部门、地方政府和学校来共同完成。以 2007 年为例，这一年，学校体育教育领域掀起了阳光体育运动的热潮，在各级教育行政部门和共青团组织的大力支持和统一领导下，全国各级各类学校都开展了相应的体育活动，让教育者、学生以及家长都普遍关注到了体育运动对身体和学习的好处。此后，2012 年教育部又印发了《关于进一步加强学校体育工作的若干意见》，该意见要求确保学生的体育课程时间，提升学校体育质量，以提高学生体质健康水平和综合素质，促进学生在德育、智育、体育、美育四个方面的协调发展，提高学生体质健康水平和综合素质；第十八届三中全会《中共中央关于全面深化改革若干问题的决定》中，党和国家对体育教育明确提出"强化体育课和课外锻炼，促进青少年身心健康、体魄强健"的要求。尽管国家政策对学生的体育与健康十分关注，但其中还存在一些问题，这些政策通常将重心放在了青少年的体育教育工作中，而对处于学龄前的幼儿园体育重视程度偏低。幼儿园基本以《幼儿园工作规程》和《幼儿园教育指导纲要（试行）》为原则，在针对学校体育工作规划的文件中寻求自己的工作方向和工作重点。时代的发展是日新月异的，幼儿的成长环境也和以往大不相同，章程中部分规范在新时期幼儿的体育课程中难以适应新的需求，目前的幼儿园体育教育需要新的、科学的、有针对性的指导性文件。国家的政策文件在宏观层面对幼儿园的体育教育工作进行指导，从而在方向上影响着幼儿园体育课程的规划与设置。

（二）家长的教育观念

目前，由于经济发展迅速，我国人民尤其是城市居民的生活水平大幅度提高，人均可支配收入增多，因此存在许多年轻家长对孩童过度保护的现象，担心孩子参与体育运动会受到伤害。还有一种现象，随着每年中考、高考人数的不断增长，学龄儿童面对的升学竞争很大，部分家长教育价值观出现了偏差，为了"让孩子赢在起跑线上"，从幼儿时期就让孩子学习英语、数学等文化知识，重文化教育而忽视孩子体质的健康，在选择幼儿园时也只关心幼儿园的文化教育水平。因此，为了迎合家长的需求，部分幼儿园大力开发文化课程，不重视体育课程的设置，有的幼儿园甚至"牺牲"体育课程的时间为文化课程"让路"。

（三）幼儿园园长对体育课程设置的决策作用

幼儿园园长是幼儿园开展各项工作的领导核心，对各项事务有直接的决策权力，因此幼儿园园长的教育价值观念和综合素质是全园教育工作是否正确开展的一项重要因素。园长在对幼儿园管理的实践中表现出的素质和做出的决策，是园长的管理观念、意识水平和能力的具体体现，也是影响幼儿园体育课程设置的重要因素。

（四）幼儿生理特点影响

幼儿在 3～7 岁阶段，其运动系统、呼吸系统、循环系统、神经系统尚在发育，可塑性强但身体保护机制不全，容易受伤。幼儿骨硬度小，弹性大，易弯曲变形，可塑性强，骨化过程尚未完成，容易发生畸形。幼儿的骨骼在这个时间段快速生长，颅骨、髓骨等骨骼的纤维联结还没有骨化，骨性结合还没有形成；同时，幼儿的关节形态由于关节韧带强度小，故伸展性强，如幼儿基本能轻松做坐位体前屈，而很多成人不行，但这也导致幼儿韧带稳定性弱，容易发生脱臼。幼儿肌肉发育尚未完全，且肌肉比重小，肌群的发育也不平衡。人们发现幼儿的动作比较笨拙容易受伤，甚至手脚不协调，这其实就是因为其小肌肉群发育程度低于大肌肉群，但由于幼儿期新陈代谢旺盛，疲劳后恢复也较快。幼儿的呼吸系统尚未发育完全，结构和功能较成人差，胸廓肌肉发育不完全；幼儿运动时肺通气量小，呼吸频率高于成人，这也是他们运动时耐力不足，且容易呼吸道或肺部感染的原因之一。幼儿的血液比之成人其凝血功能较差，血液中的凝血物质少，再加上血液中水和血浆较多，因此出血时凝固较慢，要避免幼儿活动中出现伤害。此外，幼儿正处于快速生长阶段，对氧气和营养物质的需求旺盛，而其心肌纤维短而细，肌纤维之间的间质较少，心肌功能较差，因此只能以增加心率的方式来满足人体需求。幼儿的毛细血管特别粗大，对新陈代谢和发育起到良好的作用。幼儿的神经细胞发育较早，但神经系统功能尚不完善，适应能力差，对外界刺激的抵抗力弱。因而在从事活动时，儿童的注意力维持时间较短，易分散，且年龄越小，探究反射就越强，主动抑制就差。

除上述的主要身体机能的差异以外，幼儿其他一些在体育运动时常用到的器官的发育也与成人有较大差异，在进行课程设置时也需要多加关注。基于此，幼儿园体育课程的设置必须确保幼儿的身体安全，在安排时充分考虑该课程内容对幼儿的肌肉、关节、内脏、神经等的影响，体育运动量和时长不能超过儿童身体的负荷能力。园方还应该配置专业、高效的幼儿医务室，充分保障幼儿在体育课程中的安全。

（五）幼儿心理发育特征影响

幼儿时期，其认知、感知觉、语言、社会性等心理方面因素全面发展。此时，幼儿对外界的感知是非常敏感的。心理是指心理过程和个性心理特征的总称，也叫心理现象。大脑这一生理器官控制着心理现象的产生和消失。

假设，一个幼儿生活在一个正常的、较为自由的生活环境和教育环境中，那么他（她）的认知活动常是无意识性的，所谓无意识性是指没有预定目的，不需要意志努力，自然而然进行的注意、记忆、想象等心理活动。在心理学中称为无意注意、无意记忆、无意想象等。随着年龄的增长，幼儿的有意性（指向性、目的性强的心理活动）会逐渐取代幼儿的无意性认知活动。由于神经的抑制系统发育不完全，幼儿还不能很好地控制和调节自己的心理活动和行为。无论是在游戏还是在学习过程中，幼儿都无法保持长时间的稳定性，非常容易受外界的干扰。因此成人要考虑到幼儿的特点，适时对幼儿的活动进行调节。表现为：幼儿对于新颖的、鲜艳的、强烈的、活动的、多变的、形象具体的以及能够引起他们兴趣和需要的对象，才集中注意力，但注意力又很容易受更加强烈的新异刺激物的影响而转移。心理学实验告诉我们，在较好的教育环境下，3 岁幼儿的注意可连续集中 3 ～ 5 分钟，4 岁幼儿可集中 10 分钟左右，5 ～ 6 岁幼儿可以集中 15 分钟左右。目前，大量针对幼儿开展的研究和实验工作都表明，幼儿的有意性认知行为越占优势，幼儿的注意力就越集中，进而对知识的掌握、动作的理解也就越到位，记忆力也强，智力发展得比较好。超常儿童共同的特点之一，就是注意力集中，不受干扰。注意力是幼儿认识和掌握客观事物的先决条件，它直接关系课程实施的效果，因此在教学中，儿童的注意力也是体育课程设置的重要影响之一。

（六）幼儿的生长发育规律影响

幼儿时期，人体的新陈代谢速度很快，其发育的全过程中各项与体育运动有关的器官生长发育速度是快慢不一的。生长发育的速度随年龄变化，各系统器官的发育速度也各不相同，例如：神经系统优先发育，淋巴系统在早期高速发育，生殖系统迟发育等；生理发展和心理发展相辅相成；此外，生长发育程度的个体差异也是影响因素之一。此外，特定能力、素质和行为发展都有它的最佳时期，也即敏感期。

0～7岁的婴幼儿在这几年处于动作发展的敏感期。人类各项身体素质的发育具有一定的内在规律，随着动作的发展到一定程度后，一些身体机能的发展也进入了敏感期。研究表明，人类力量发展的敏感期在12～15岁，速度素质的敏感期在7～14岁（男），耐力素质的敏感期在12～16岁，柔韧素质的敏感期在5～9岁，灵敏素质的敏感期在10～12岁，协调性发展的敏感期在10～13岁。在人类基础的六大身体素质中，适合在幼儿时期进行训练的只有柔韧性，其他方面的素质的敏感期处于少年儿童阶段，因此，在幼儿时期发展柔韧素质较为适宜。

（七）体育课活动的负荷与密度

幼儿身体脆弱，不合理的体育运动会致使其受伤，因此探索将幼儿园体育课程科学化是当前幼儿教育的一大课题。其中，一部分主要的工作内容就是摸索出幼儿参加体育活动最适宜、科学的活动负荷与密度。首先要科学地界定什么是活动负荷与密度，把握好不同年龄、性别、不同健康状况的幼儿在体育活动中能承受的负荷与密度，这要求体育课程既要符合幼儿身心的特质，又要达到锻炼体格的目的。因此，幼儿园的体育课程设置往往还要考虑这些问题，对幼儿园体育课程中常见的体育活动进行测验、分析，确定其科学性、合理性，使其能在体育课程中运行。

（八）幼儿教师整体素质

课程好比一个运作精密而复杂的机械系统，它的顺利运行不仅要求课程的主导思想、课程设置原则、课程结构的正确性，还对参与其中的主体对象——幼儿教师有极高的要求。幼儿园体育课程的设计、实施、评价的全过程都有着教师的身影。幼儿教师可以被看作一项重要课程资源，有着积极、强烈的主观意识。因而在探讨影响幼儿园体育课程设置的因素中，教师的素质、教育观念是必不可少的环节。同时，目前幼儿教师的培养、教育模式中的弊端也是影响幼儿园体育课程合理化设置一个明显的制约因素。相关研究数据表明，幼儿教师自身的综合素质不高，不能满足当前幼儿教育对高素质人才的需求。因此，在发展中不断完善幼儿教师的教育体系，不断提升幼儿教师的综合素养就显得尤为关键。高校的师范专业或幼儿教师培训机构应当向未来的幼师们灌输体育教育的理念，明确幼师的培养目标、培养模式和原则。

《幼儿园教育指导纲要》指出："执行教育计划的过程是教师的再创造过程。教师在教育过程中应成为幼儿学习活动的支持者、合作者、引导者。"基于此，从个人角度来看，幼儿教师应该主动承担引导幼儿全面发展的责任，以平等姿态参与幼儿的体育活动，实现教学相长。而从整个社会的宏观角度来看，中国社会正处于产业转型升级的关键发展时期，庞大的人口资源造成当前社会竞争压力巨大的局面，要把中国沉重的人口负担转化为丰富的人力资源优势，就必须从幼儿时期开始培养全面发展的高素质人才，幼儿教师的水准是其中的关键一环。

第二节　幼儿园体育课程的具体设置

幼儿园体育课程的设置，在大方向和具体内容上都以国家教育法规为根据。目前我国的幼儿园体育教育主要遵照的教育法规有国家教委于 1996 年颁布的《幼儿园工作规程》第五条中的"幼儿园保育与教育的主要目标"；还有教育部 2001 年颁布的《幼儿园指导纲要》，其中明确指出幼儿教育在健康方面应当做到增强幼儿体质，培养幼儿健康的生活习惯与态度，使幼儿具备初步的安全防护意识，懂得如何保护自己，还有喜爱参与体育活动的要求。根据课程的实际内容、现代健康和健康教育的观念、幼儿身心发展水平把上述教育任务与目标分解成具体的任务和目标，结合幼儿园的大环境和幼儿园各种类型的体育教育活动来加以体现。

由于幼儿身份具有特殊性，幼儿园体育课程的设置也不同于中学、大学的课程安排，有一套自己的运行机制，其运行原则与课程设置结构如下。

一、幼儿园体育课程设置的基本原则

（一）科学性原则

1.转变传统幼儿教育观念，强调体育意识

中国古代有蒙学，顾名思义，蒙学是一种中国社会传统的儿童启蒙教育。蒙学与小学、大学并列，共同构成了我国传统的教育体系。在中国古代，儿童"开蒙"读书的黄金年龄大约是4岁，正好对应现代的幼儿教育。而中华人民共和国成立后逐步建立起来的幼儿教育受传统教育思想影响较深。我国在20世纪80年代起，就已经开始对幼儿教育进行改革，但是就实际情况来看，我国的幼儿教育在较长的一段时间内，都存在着一些明显的问题——不重视幼儿游戏教育和体育教育；不重视培养幼儿的主动性和创造性；不重视培养幼儿的实践能力；不重视教学过程等。这些问题都对幼儿的全面发展形成了阻碍。因此，彻底转变传统的幼儿教育观念，将体育教育纳入幼儿教育的工作重心，进一步强调幼儿体育意识的培养，就显得尤为关键。

值得欣喜的是，由于教育改革工作的开展，教育的时空观念在逐渐发生向好的变化。一方面，科学技术和经济的发展使教育逐渐走出了校园进入社会，教育在空间上无处不在；另一方面，现代人对学习的理解也越来越深刻，接受教育的不仅是学龄中的儿童、少年，教育同时向"学前"和"学后"两头延伸，终身学习的理念成为一股流行浪潮。此外，由于幼儿教育的研究越发深入，人们逐渐意识到幼儿教育不仅是托管孩子的工具，也不仅是进入小学前的衔接教育，而是影响一个人终生发展的基础的教育。所以，必须以打下良好的素质基础为落脚点，培养身体的、社会的、情感的、认知和道德的整体发展的"完整"的人。"培养完整的人"与培养完整儿童，实施全人格教育，是教育发展的历史总结，是现代幼儿教育的新观念，也是指导幼儿教育实践的新的

理念。

因此，幼儿园体育课程的设置首先应当扭转传统观念，实现幼儿教育思想与现代教育理念的充分融合，意识到幼儿园体育不仅仅是单纯的幼儿体育技能训练，而应力求教育现状与现代教育原理相整合，促进幼儿身心全面和谐发展。在实施过程中体现课程不同层次目标（长期目标、中期目标、近期目标及某一活动具体目标）及不同练习之间的整合，使各个环节彼此配合，紧密相连。同时将幼儿园各领域的教育目标相互渗透，相互促进，实现幼儿"完整学习"，促进幼儿生理、心理发展。渗透社会价值与本体价值整合的"全人教育"，重视个体发展的需要。遵循主体性和面向全体原则，重视发挥幼儿的主体作用，增强幼儿主体参与意识与能力，培养幼儿对体育活动的兴趣。为幼儿创建一个自由的、自主的活动环境，提高儿童参与的兴趣，能够以热情的、积极的态度摸索体育活动的规则，并创造新的玩法。通过科学的途径使每个幼儿在原有基础上，得到身心和谐的发展。并且做到因材施教，充分尊重幼儿个体的差异性与个性，以独具特色的体育训练和游戏，让幼儿的自然天性得到充分释放。进而重新构建课堂中师生的关系，改变以往教师完全主导的模式，摒弃教师机械教导、幼儿被动接受的低效率教学模式。并在现代化教育的大背景下，拥有科学的幼儿园体育教育价值观、儿童观、教育观、课程观，从根本上推进素质教育，追求幼儿教育的价值功能，实现幼儿的主体发展价值。

为了使幼儿园体育教育与中国社会的发展情况相适应，并符合中国幼儿的年龄特征，使幼儿教育培养出能在 21 世纪激烈的竞争中不被淘汰的新型人才。掌握幼儿身心发展规律，转变幼儿园体育教育的观念是全国教育课程改革中的应有之义。

2.结合幼儿身心特点进行相应的课程设置改革

《幼儿园教育指导纲要》要求幼儿园能够有对幼儿身心发展规律的足够尊重，结合幼儿学习的特点，在课堂上和生活中引导幼儿积极、活泼、自愿地学习。教师应当把保护幼儿的生命和促进幼儿的健康放在教育工作的首要位置；身体的健康和心理的健康是密切相关的，要高度重视良好人际环境对幼儿身心健康的重要性；幼儿不是被动的"被保护者"。教师要尊重幼儿不断增长的独立需要，在保育幼儿的同时，帮助他们学习生活自理技能，锻炼自我保护能力。课堂上开展的任何体育活动都应该以幼儿的身体安全和健康发育为第一要点，教师应该提前确认哪些体育活动在幼儿的承受范围内，哪些会损伤儿童的身体，不进行超出儿童负荷值的体育活动训练。因此结合幼儿身心发展特点是探讨幼儿园体育课程设置和改革的前提，也是所有幼儿课改工作需要遵循的原则。

幼儿园体育教育的对象是 3～7 岁的幼儿，幼儿的身心发展有其独特的特点和规律。因此在课程设置及改革过程中，课程设置和改革不仅要关注幼儿园体育和社会、家庭的关系，还必须建立在对幼儿身体、心理发展规律和特点，以及体育与幼儿身心发展的深度研究之上，这样才能建立一套科学合理的幼儿园体育课程体系，提高体育教育的效率。

（二）针对性原则

我国的人口基数大，教育资源分布不均衡。为了保障最大数量的人能接受教育，我国的九年义务教育课程设置基本是统一的、有一定标准的，而幼儿园教育也有样学样，课程设置偏向标准化。这种统一的课程设置虽然开展难度低，但我国地域广阔，统一的课程抹杀着地区文化背景不同的孩子的特质，也没有考虑到各个地区经济水平的差异，更遑论考虑个体的兴趣爱好与发展需求了。所以在新一轮课程改革的推动下，有针对性地进行课程设置将是幼儿园体育课程反映时代进步和社会需求的新的要求。

1. 个体针对性

《幼儿园教育指导纲要》总则第六条提出："幼儿园教育应重视幼儿的个别差异，为每一个幼儿提供发挥潜能，并在已有水平上得到进一步发展的机会和条件。"同时还指出在评价教育活动时"应承认和关注幼儿在经验、能力、兴趣、学习特点等方面的个体差异，避免用划一的标准评价不同的幼儿。"

世界上没有两片一模一样的雪花，每个儿童由于遗传天性、身体素质、家庭教育、成长轨迹等的不同，总是与旁人存在着这样那样的差异，特别是儿童的个性特点，是完全不同的。幼儿是一个正在发展中的人，他们有自身的特点和需要，处于不同发展阶段的儿童，在各方面具有不同的发展水平，发展速度也不相同。但是，他们是有潜力的，在教育上必须了解和研究每个幼儿的个人特点、个性特征，引导儿童健康的、多样化的发展。

　　不只是体育课程，现代教育理念中，针对学生个体特性设置课程已经成为学术界的一项重要共识。在现代化的教育观念中，儿童处于不同的年龄阶段会表现出不同的特征，教育应该与儿童的年龄特点相适宜、教育要与每个儿童的特点相适应。即幼儿教育的内容应体现幼儿的年龄特点，应具有个性化，同时注重幼儿的个体差异与人际环境的互动等。按照陈鹤琴的观点，儿童的特征和全部活动不会以老师的意志为转移，是可变的，且这种变化不是单一而是多方面的，不是专门注意某些部分，而使其他各部分向隅的。因此，为了适应不同个性儿童的兴趣、能力，以及儿童年龄阶段的发展需求，幼儿园体育课程的设置应该是富有弹性的，能够灵活变通的。为此，在拟定幼儿园体育课程过程中时刻要注意留下改变的空间，可以让儿童随着自身的个性需求进行探索。在作者看来，课程设置的个体针对性除了应针对不同年龄阶段（幼儿初期、幼儿中期、幼儿晚期）、不同性别、不同智力水平、不同性格差异、不同身体状况的幼儿，还应包括不同生活环境下的幼儿。

　　2.区域针对性

　　中国幅员辽阔、地大物博，一方水土养一方人，各个地区因地理环境、经济水平、政治条件、历史文化的不同使该地区的人们表现出区域特性。目前，各个地区课程的设置标准基本是统一的。统一的课程大纲与人才综合发展的目标之间是有矛盾的，但我国的国情又不允许各个学校或地区制订完全独立的课程标准。因此在课程设置的标准问题上是否应遵循区域针对性原则成为争论的焦点。区域针对性是课程设置改革的一项重点也是难点，为此，可以向国外幼儿教育起步较早的国家借鉴经验。美国的幼儿教育课程采用"国家标准"与"州立标准"并行的双轨制，允许各地方政府根据当地实际情况在国家标准基础上适当改变，这样既能维护国家的领导，又能保障幼儿园体育课程设置的区域灵活性，调和了课程设置标准与新型人才培养之间的矛盾。

　　为了实现教育的公平性，基本上所有的教育课程都需要按照一套科学、统一的标准运行，那些完全脱离标准的综合教育课程，对于教育事业而言毫无用处。因此，对于幼儿园体育课程标准的制订，教育部门有着严格要求，必须经过长期科学实验和考察取证后才能实施。实行"双轨制"，各区域在全国统一的基础上进行变通时，尤其要注意课程大纲的改动，要注意听取教育专家的意见，要明确不同方案的利弊，根据地区区域的实际情况，选择最合适的改动方案，再进行推广。

这种"双轨制"的课程设置标准与我国学前理论的研究专家陈鹤琴的课程思想较为接近。各地社会的需要是不同的，也是因时期而异的。比如我国北方地区和南方地区，无论是在自然环境方面还是在语言、传统、风俗习惯等方面，都存在着极大差异，因此南北方不同地区会存在迥然相异的要求，即使同一地区在不同时期其需要也不同。所以，陈鹤琴在其著作《幼稚教育》中指出："我们固然不能把外国课程搬移到中国来直接应用，也应该知道在一国之中所定的课程也不是一成不变的，也不能强迫全国雷同的。一国之中应该有全国统一的课程大纲，即所谓养成全国一致的真精神，但是应该允许各地重编。各地方也应当根据社会需要而决定是否重编。"而对于农村地区或少数民族聚居地的幼儿教育，其地理环境、基础设施建设、幼儿园规模、师资力量都与城市的有着较大差距，但他们在课程中亦可通过发展具有本土特色的民族幼儿园体育项目来加以弥补。

（三）游戏性原则

幼儿时期的无意性举动很多，并逐渐由无意性向有意性转变，而幼儿园体育课程中常常以游戏的形式引导幼儿参与。游戏形式的体育活动能够提高幼儿参与活动的目的性，让他们有意识地以想象和模仿在游戏中反映现实生活的举动，发挥主观能动性。幼儿游戏一般性的定义是：游戏是幼儿有目的、有意识地运用想象和模仿反映现实生活的活动。因为游戏代表着自由和快乐，因此幼儿能积极参与，充分释放自己的天性，是儿童最喜爱的体育课程内容。这是游戏者能动地驾驭活动对象的主体性活动，它现实直观地表现为幼儿的主动性、独立性和创造性活动。这些年学术界关于游戏的本质和基本特征争论不断，一直没有一个统一的标准。一般来说，游戏有广义与狭义之分，而幼儿园体育课程设置中的游戏基本采用广义的概念。对于幼儿园体育教育而言，体育课程中的游戏一直占据着重要地位。在《幼儿园工作规程》和最新颁布的《幼儿园教育指导纲要》中都提到："游戏是幼儿最基本的活动。"我国儿童教育学家陈鹤琴也曾说："游戏具有统整作用，在游戏中，学前儿童的身体能获得充分锻炼，展开丰富的想象，缓解紧张的情绪，体验活动的愉悦，游戏是学前儿童最喜欢的活动。"游戏是学前儿童的重要生活。小学、中学的那些教育形式并不适合学龄前儿童的教育，游戏化的体育课程能让幼儿在快乐中自主学习，达到事半功倍的效果。

学前儿童的课程是很容易实现游戏化的，在教育课程中加入游戏的内容，或是以游戏的方式来开展教学，都是游戏化的实现方式。课程的游戏化对于幼儿的全面发展具有非常重要的意义，既能让幼儿在游戏中增长知识，又能锻炼身体，还能让幼儿在快乐中学习，激发幼儿的学习兴趣。并且，幼儿在游戏中，与其他孩童进行合作，还可培养自身的社交能力。因此，坚持幼儿园体育课程设计的游戏化原则是非常必要且重要的。

（四）生活化原则

20 世纪 60 年代，我国著名的学前教育专家张雪门先生就提出了"行为课程"的教育观念，他的幼教思想对于中国幼儿教育的发展起到了重要的引导作用。他主张："生活就是教育，三到六岁的孩子们在幼儿园生活的实践，就是行为课程。"虽然"行为课程"中包含的工作、游戏、音乐、故事等内容和其他一般的课程很像，但是这些内容并不是悬浮的，不是限于教材课本的，相反，它们完全来自日常的生活，从生活中来，由生活而展开，最后也由生活结束。张雪门认为幼儿课程所需的材料最好是源自儿童生活的真实情景。这些材料的来源，"仍不外由于儿童的本身和其所接触到的环境"。

对于幼儿课程教材的选择，张雪门先生则提出，幼儿园的所有课程的教材的筛选标准应该以满足幼儿实际需求为准，从生活中选材。教材应该从幼儿的直接经验中选择有价值的部分，加以合理的组织。同时，课程教材中的活动设计必须有利于实现社会发展目标、有利于儿童自然生长发育、有利于提高儿童学习能力和创造力。他还强调幼儿课程的设置不能等同于学科式课程，中小学的学科式课程包含太多理论的灌输，与幼儿的生活不匹配。同样，陈鹤琴也十分注重课程内容的生活化，提出注重生活的课程内容观。陈鹤琴认为所有的课程都要从人生实际生活、经验里选出来。他批评部分幼儿园的课程将学习的内容与实际生活撕裂，在幼儿园中学到的内容走出校园后难以应用到生活中，而幼儿的饮食、吃住、所见所闻才是最贴合人生的课程，塑造着儿童的成长曲线。1929 年 8 月，陈鹤琴参与起草了《幼儿园课程暂行标准》，该标准自始至终都贯彻了生活课程的思想，尤其是在课程范围部分，该标准不仅将音乐、故事和儿歌、游戏、社会和自然、工作列为课程内容，而且将儿童一日生活中必不可少的"静息"和"餐点"也纳入课程内容的范围。幼儿园的一日生活充满着丰富的教育契机，幼儿的每一个生活片段都可以挖掘、发展成丰富的教育资源，都可以作为课程内容而存在。

实际上，虽然幼儿的日常生活是最好的教育材料，但是并不是幼儿生活的全部内容、经验都可以为教育课程所用，生活化的课程设置并不是只考虑当下的，还应该拥有适应社会的能力。陈鹤琴认为，幼儿课程的内容不仅需要考虑是否适合教给小孩子，能否让幼儿理解或者与他们的生活经验相适应，同时，更需要考虑这些内容是否会影响他们现在或者将来的生活。若这些内容有利于孩子们的综合发展，那么就是可行的，反之，即使能够与幼儿现有的生活经验衔接上，也不能纳入课程中。这些都是幼儿课程设置生活化思想的早期体现。

现代的学前教育在继承陈鹤琴等人的学前教育理念的基础上还对其中的一些部分进行了总结和延展。在 2001 年正式颁布的《幼儿园教育指导纲要（试行）》的第三部分组织与实施中明确提出教育活动内容的选择应"既贴近幼儿的生活，又有助于拓展幼儿的经验，寓教育于生活、游戏之中"。提出这一要求的依据除了多年学前教育的经验，最关键的是教育的规律和幼儿成长的客观规律表明，幼儿时期，课程中的内容不是通过正式的、集中的形式灌输给幼儿的，而是通过日常生活环境，通过各种游戏化、生活化的活动，让幼儿自然习得知识、习惯、能力，受到情感的熏陶。因此，基于这个理念，幼儿园体育课程的制订基本都应做到体现生活的价值，体现出课程内容生活化的原则。

同时，学前教育工作者还应注意，生活不是一潭死水，幼儿的生活中也隐藏着各种变化，为了使幼儿园体育课程更加具有真实性、客观性，其中有关生活经验的内容应该随着幼儿的生活变化而变化。幼儿是生活在社会的大环境中的，周围生活环境的改变会对幼儿造成不同程度的影响。幼儿教师也应当关注到这一变化，并且在课程设置中体现这些变化。许多经验表明，将与幼儿的生活相关的内容融合在课程中，可以进一步激发幼儿的学习兴趣，促使幼儿更积极主动地运用其心智去探索、去发现、去尝试用多种多样的方式解决问题，去寻求对自己所熟悉的世界的更深刻的理解。此外，还需要注意的是，课程中的内容不必追求奇异性，幼儿认知水平低，对生活中常见的现象怀着好奇心，要记住越是贴近生活、越真实就越能引起儿童的积极性，并充分揭示幼儿日常生活的意义。这样的活动对幼儿来说必将具有更为深刻的价值和趣味。

幼儿园体育课程的设置必须与幼儿生活相联系，课堂上设置的活动必须是幼儿成长真正需要的，让儿童在自由、真实的情景中学习，还原孩子生活的本来面目，让他们在生活中学习；尊重幼儿的特点、兴趣、爱好、动机，做到教育以幼儿为主导、教师为辅，课程内容的选取体现出适应性原则。

二、幼儿园体育课程结构

幼儿园体育课程虽然不似中小学课程那样严格，但是其作为课程，仍然有着明确的教育大纲和结构体系，其中包含对课程任务与目标、教学原则、课程内容、课程教学模式等的要求与指标。关于政策性依据，本书已在前面有所表述，原则上与国家和政府精神保持一致。在教育理念方面，可以借鉴奥苏伯尔的学习理论，如幼儿园体育教育不仅是知识经验的灌输，更是挖掘幼儿潜力、提高幼儿综合素质的手段；课程内容必须考虑到幼儿的生活和学习的经验，并充分考虑到幼儿的个别差异；汲取陈鹤琴单元教学法的教学理论和课程所体现的课程观，即课程在教育目标、教育内容确定的前提下，其教育过程可以是多样的，只要与目标、内容相适应，任何一种有效的教学方法都是可行的。同时参考蒙台梭利教学法、以皮亚杰认知发展理论为基础的海恩斯科普课程模式以及瑞吉欧的教育思想等。

设定体育课程的同时从幼儿园体育的生物效应、心理效应、社会效应等角度，思考体育活动对幼儿身心发展的影响和作用，这也是设定体育课程的理论依据。

综上所述，学前儿童教育理论众多，幼儿园体育课程的设置将在众多理论与研究的支撑下，体育课程结构中包含的内容与目标应该都是指向幼儿达到身心健康、全面发展的目标的。不仅有显性的课程，也有隐性的课程，不仅包括认知的发展，也包括健康、动作、情绪、社会性、个性品质等多方面的发展。

三、幼儿特色体育课程

特色可以解释为"事物显现出的独特的色彩、风格等"。尽管作为个体的独特性的定义万万千千，但是在教育中，幼儿园体育特色课程的整体上的含义已经有了认定标准，并非各个幼儿园设置的课程都是有特色的。其客观标准是指，在该幼儿园的完整课程体系中，对体育实践或体育活动的某一方面给予了重视或专门的研究，并且这一重视和研究已经产生了一定的影响，得到了社会的公认。这其中有以下五点基本要求：

①特色体育课程一般是经过幼儿园长期实践发展起来的，有较深厚的底蕴和丰富的教学经验，换言之这些课程具有稳定性，已经取得了一些成效；②幼儿园特色体育课程的内容品质优于其他幼儿教育，即"人无我有，人有我优，人优我特"；③幼儿园特色体育具有社会性，即有一定社会基础，为社会公认，且通过个体反映；④幼儿园特色体育课程不是一成不变的，并非一开始就形成的，而是在发展中渐进的，具有动态性，只有起点没有终点，能够与时俱进，核心内容不变但又不失时代特征；⑤幼儿园特色体育的内容项目、组织形式等独具特色。

（一）特色体育的表现形式

既然是"特色"，那么首先应该具有与众不同的特征，表现出一定的特性。幼儿园体育的实践与研究丰富多彩，特色体育不尽相同，各有所长，表现为以下三个方面：

1.运动项目具有特色

体育项目种类繁多，而各个幼儿园会根据园区配套设施和器材的不同条件选择体育课中的运动项目。运动项目是构成体育运动的基本要素之一，在我们日常生活中能够接触到的运动项目有很多种，但由于幼儿身体发育与认知程度的特殊性，以及为幼儿人身安全考虑，并不是所有运动项目都适合被选取为特色项目，如马术、射箭、击剑等虽然小众特殊，但具有一定危险性的项目就应当被排除，幼儿园体育课程中运动项目的选择不能为了特殊而特殊。教师在安排体育课的运动项目时，可以结合本园的体育传统、硬件条件、可利用资源，以及幼儿身心特点和兴趣爱好有针对性地加以选择，如乒乓球、武术、溜冰、游泳、体操、国标舞蹈和其他球类活动等。

2.组织形式具有特色

幼儿园体育课程的组织形式不同，即使是同样的活动内容，在不同的组织形式下却可以出现与众不同的特性。幼儿园体育教育的主要组织形式一般有早操活动、体育课、户外体育活动和运动会，而体育特色幼儿园在传统的组织形式上延伸出多种多样的形式，使幼儿园体育课程的活动更加丰富多彩。比如开展"三浴"锻炼。《幼儿园工作规程》要求幼儿园能充分借助日光、空气、水等自然因素锻炼幼儿肌体、增强幼儿体质和免疫力。《3～6岁儿童学习与发展指南》在健康领域中提出"具有一定的适应能力"发展要求，3～4岁幼儿能在较热或较冷的户外环境中活动，4～5岁幼儿能在较热或较冷的户外环境中连续活动半小时左右，5～6岁幼儿能在较热或较冷的户外环境中连续活动半小时以上。[①]所谓"三浴"，包括水浴、空气浴、阳光浴。阳光与空气是大自然赋予人类的免费的、取之不尽的资源，而水也是人们日常生活中能大量接触的，利用这三种自然因素进行锻炼，既不需要特殊器材，又不需要很大场地，经济实惠且容易被孩子接受。通过"三浴"锻炼能增强幼儿体质，提高机体适应外界环境变化的能力。

3.环境资源的利用和开发具有特色

基于幼儿身心发育与人身安全考虑的幼儿园体育课程的设置，一般都会根据幼儿成长的环境和幼儿园所处环境开发和利用其中的资源，实施教学工作。环境资源主要由物质环境资源和人际环境资源两个部分组成，其中物质环境资源指的是幼儿园的场地、设备、器械等物质实体；人际环境资源主要是指幼儿教师、幼儿家长等。利用一切可以利用的环境资源、人力资源，丰富儿童的体育课程内容，能够增加体育课程的特色。

陈鹤琴曾经指出："小孩子玩，很少空着手玩，必须有许多玩的东西来帮

① 黄博彦.以体为先，为幼儿健康发展奠基——广州市番禺区祈福精英幼儿园"三浴锻炼"活动课程探秘[J].广东教育（综合版），2022：3.

助才能玩起来，玩固然重要，玩具更为重要。"基于此，园区运动器械与设备的丰富性、层次性、多功能性可以为幼儿提供多种选项的体育活动帮助，满足儿童的自由天性和不同需求，从而发展儿童的创造力与想象力。在资源的开发上，体育特色幼儿园也已经开始关注社区和家长的功能。家庭是每一个儿童最信任的地方，儿童教育的一大主体就是家庭教育。并且，父母与幼儿相处的时间最长，对幼儿性格和兴趣爱好的了解程度远远高于幼儿园教师，因此使因材施教变得更加容易。家庭的参与使幼儿园体育活动不仅仅只在幼儿园中进行，还可以扩大到幼儿园以外，以保持体育活动的统一性、延续性和连贯性。社区也能为幼儿提供大量的体育教学资源，如小区里的健身器材、社区中的游泳池、运动场馆以及从事运动的相关人员等。如果幼儿园能与社区合作，合理运用这些资源能够大大提高幼儿园体育教育的效率。

（二）幼儿特色体育课程实施途径

幼儿园课程的实施依靠的是教育教学活动，普通大众对幼儿园教育活动类型的理解是幼儿园教师有效实施幼儿园课程的前提。幼儿园体育特色课程实施的途径总体上来看主要有如下形式：正式的体育活动，如包括早操活动、体育教学活动；非正规性体育活动，如晨间锻炼活动、区域性体育活动、户外体育游戏；与其他领域结合的体育课程，结合日常生活进行的体育活动，如餐前手指锻炼、午后散步活动；结合家庭与社区进行的体育活动，如运动会、亲子游戏等。

1.正规性与非正规性活动结合

幼儿园专门组织的幼儿园体育活动大致可以分为正规性与非正规性两种形式。前者主要是在教师的严格组织下完成的，如晨练做操等组织比较正式的活动，在这种体育课程中教师处于一个主导者、领导者的地位。对于户外活动、区域性活动等非正式活动，它们的组织都比较松散，学生自由活动的机会较多，教师主要通过简单引导等间接方式来组织和实施活动。幼儿园体育课程应该将二者结合起来，间隔使用，既能够维护教育秩序又给予了幼儿充分的自由。

2.将体育课程融入日常生活

幼儿园应该在幼儿的生活中，尤其是常见的生活活动中插入体育课程的内容，日积月累，在潜移默化中提高孩子的综合素质，以下是三点建议：

①餐前手指锻炼，教师组织幼儿灵活运用手指做各种动作，锻炼幼儿的小肌肉群。这种手指运动，不仅可以锻炼手指灵敏度，而且有健脑和健身作用。②午饭后的散步活动，餐后午睡前组织幼儿到走廊上、滑梯边晒太阳，闻闻花草的清香，散散步，可以改善幼儿大脑皮层的兴奋状态，放松其身心。③起床身体总动员，每天午睡起床时播放轻柔的音乐唤醒幼儿，教师带领幼儿们在床上小幅度地伸展身体，如指导幼儿缓慢坐起并转动脚腕、手腕，促使心脏将更多的氧气供给身体各组织器官，使幼儿感到清醒舒适，随后再穿衣服、鞋袜，锻炼小肌肉群与生活自理的能力。

3.开发区域性自选体育课程

区域性体育活动是幼儿园体育活动的重要组织形式，是构成幼儿园课程发展体系的重要组成部分。所谓"户外区域性体育活动"就是将活动场地由室内拓展到了户外，并将户外活动场地区域化，设置了田径区、攀爬区、平衡区等种类丰富的体育活动区。利用这些区域，围绕一定的教育目标开展体育活动，可以作为幼儿园体育课程的一种特殊类型。由于其环境开阔，能在心理上放松幼儿心情，同时活动形式具有可选择性、多样性，并且还能在不同情况下组合出更多的实施模式，因此与其他体育课程的设置相比更加具有吸引力。但一般来说，基本只有条件较好、保障比较到位的幼儿园才适合开发这种形式的体育课程。

4.整合运动会、徒步等特色体育活动

幼儿园的运动会可以选择体育表演、竞赛、娱乐这三个形式单独或组合进行。其中，除了主要的幼儿参加的体育项目或游戏以外，一般还会设置教师、家长参与的项目，这样既可以展示幼儿园体育课程的教育结果，让家长见证孩子的成长，还能通过亲子之间的互动增进感情。

以前的幼儿运动会形式上比较枯燥，内容也比较单调，经过不断的发展，如今的幼儿运动会形式更加新颖，内容也更加丰富。幼儿、幼儿教师、幼儿家长都可以共同参与到运动会当中来，运动会将教师、幼儿、家长这三大教育的主体紧密联合在了一起，通过这个互动式学习共同体的形式将幼儿的生活、学习、游戏同运动全面协调，实现各种教育资源有机结合。

徒步类活动的展开需要一定的活动场地，如幼儿园附近的公园、景区，一年中定期举办几次徒步活动，将园区内的体育课程搬到户外，使之成为幼儿园体育特色课程中的一部分。幼儿园方应当对行走线路、活动安排、后勤、医疗等给予足够的保障。主要组织形式有班级徒步活动、家庭徒步活动两类。班级徒步活动，主要有集体、分班和小组等徒步方式；家庭徒步活动，园方设立亲子徒步日，邀请家长参加。亲子组合参加徒步活动，让家长与孩子一起锻炼，既增进了亲子感情，又能将幼儿教育中体育教育的重要性以实践的方式植入家长的观念中，让日后幼儿园体育教育的展开更加顺畅。

第五章　幼儿园体育课程的游戏化

体育课程能够释放幼儿的天性，有效促进幼儿身心发展，因而国家和社会各界对体育课程给予了越来越多的关注。由于幼儿的身体、智力、心理等方面的发展特性，幼儿园体育课程必须以游戏化的教学方式开展教学活动，通过各种妙趣横生的教学内容提高教学效果，帮助幼儿发展身心机能。

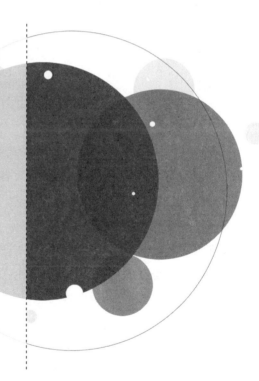

第一节　幼儿园体育课程游戏化的价值体现

　　游戏化的体育课程简单来说就是体育游戏，体育游戏是非常有价值的，不管是幼儿，还是儿童、青少年、中年等各个类型的群体，都与体育游戏之间有着或多或少的联系。对于幼儿而言，游戏化的体育课程有着更加突出的价值。它除了能促进幼儿体质健康发展外，还在提高幼儿自理能力和认知能力、改善幼儿心态、开拓幼儿思维、培养幼儿美感和促进幼儿社会化发展等方面都有着积极意义。

一、有利于提高幼儿的自理能力

　　游戏化的体育课程是幼儿最主要的活动。因此，幼儿园体育教师为幼儿创设各种游戏环境，制作游戏材料，开发各种类型的游戏是必不可少的。在幼儿园体育课程中，教师可以将幼儿的生活、学习与游戏有机地融合起来，即在幼儿的生活和学习中加入游戏元素。这样，幼儿既能体验到游戏的快乐，又能在游戏的情境中体验真实的生活，有助于获得自理能力和服务意识的发展。

　　在现代社会，大多数幼儿都是独生子女，他们处于家庭呵护的中心，出现了生活自理能力越来越差的情况。这样的情况大多是家庭环境造成的。有的时候幼儿愿意动手尝试，家长因有很多顾虑而总是包办代替，使得幼儿的自理能力越来越差。新入园的许多幼儿都是两手一摊等着教师来帮忙，甚至连吃饭都无法自主完成。这种多年的习惯在短时间内很难改变，如果采用生硬的技能练习，既不能吸引幼儿的注意力，也收不到好的训练效果。因此，教师将游戏引入幼儿园体育课程，让幼儿在游戏的情境中加以练习，通过长期训练可以让他们形成主动而乐于尝试的习惯。因为体育游戏是幼儿最喜欢的活动之一，经过一段时间的练习，幼儿的生活自理能力就会有很大进步。比如，在上体育实践活动之前先给幼儿领器材的地方起个幼儿喜欢的名字——体育馆，每天安排三名不同的幼儿充当管理员参与这个"体育馆"的游戏。体育课堂活动前，教师让三名小管理员先到体育馆清点体育器材，并事先分类处理好这些器材，等其他幼儿来到体育馆，三名小管理员一个负责管理现场秩序，一个负责分发体育器材，一个则负责记录体育器材的借出情况。这个"小管理员"游戏，一方面使幼儿的自理能力和服务意识获得了提升，另一方面也减轻了体育教师的工作量。幼儿在不断的尝试中探索，为以后开展其他游戏奠定了基础。

二、有利于发展幼儿的认知能力

各种不同类型的体育游戏都具有自身独特的趣味性与魅力，幼儿在参与这些游戏时，可以开发不同的兴趣。兴趣是孩子最好的老师，有了兴趣就有了学习和探究的动力。因此，运用游戏激发幼儿的学习兴趣，是一种非常行之有效的提升幼儿认知能力的教育方法。

无论哪一类体育游戏活动，都能提供丰富的环境刺激，促进幼儿认知的发展。比如，在攀爬游戏中，幼儿要观察当时的情况，估计上下两级之间的距离，然后才能协调四肢，往上攀爬。这虽然是比较简单的思维过程，却已经让幼儿体会到空间、高度和距离的概念。又如，在相关的跑步比赛的游戏中，幼儿可以建立速度的概念。此外，在进行游戏活动时，幼儿经常要根据当时的情形做出迅速的决定和反应，从而发展他们的分析、思考和想象能力。

三、有利于改善幼儿的心理状态

科学合理的体育活动，不仅能促进幼儿身体的发展，还能影响幼儿认知、个性、情感等多方面的发展。[1]

幼儿在进行体育活动时，除了身体的运动系统、循环系统等各器官系统参与工作之外，还伴随着与动物不同的心理活动。这种心理活动不断得到刺激，就会产生不同的智力、个性、情感等各方面的反映，久而久之，就会形成一种较稳定的心理。

---

[1] 王占春．幼儿园体育活动的理论与方法 [M]．北京：人民教育出版社，2002：10.

了解和认识这些理论，对正确、全面地理解体育活动促进幼儿发展的作用，制订幼儿园体育活动的目标和计划，组织指导幼儿园体育实践活动都具有重要的价值。

（一）有利于幼儿智力的发展

智力一般指观察力、判断力、记忆力、抽象思维及实践活动能力的总和。所谓开发智力，就是自觉有效地促进大脑机能的提高，加强大脑整体的开发和利用，以及生长发育阶段对大脑的培育。

人的大脑分左、右两个半球，左半球支配右侧身体活动，并具有抽象思维和逻辑思维机能；右半球支配左侧身体活动，并具有整体性、创造性等机能。幼儿经常参加体育锻炼，进行各种身体活动，就可以使大脑的潜在机能进一步得到开发，使整体性、综合性、创造性、思维能力得到提高。

（二）有利于幼儿个性的发展

个性是指在一定的社会历史条件下，个人所具有的意识倾向性以及经常出现的、比较稳定的心理特征的总和。人的个性虽然受一定的遗传因素的影响，但良好的个性不是先天具有的，而是在心理过程中形成、表现和发展起来的，并在生物和社会因素的影响下，不断地完善。幼儿时期是个性形成的萌芽时期，幼儿处于怎样的环境，具有怎样的经验，以及外界对他们的态度与评价将会对他们的个性形成产生一定的影响。

体育活动为幼儿个性的发展提供了有利的条件，它可以广泛地培养幼儿的兴趣，提高幼儿的各种能力，同时，还可以培养幼儿勇敢、果断、自信、冷静等性格特征。另外，在活动过程中，随着幼儿相互之间交往的加深，幼儿气质类型也将得到充分体现。

（三）有利于幼儿情感的发展

情感是人对其社会性需要是否得到满足而产生的内心体验；情绪是指人对客观事物是否符合自己需要而产生的内心体验。情绪、情感是人类所特有的。幼儿年龄阶段的行为最具情绪色彩，当他满足时，就产生积极的情绪 —— 快乐、喜欢；当他得不到满足时，就会产生消极的情绪 —— 难过、忧虑、痛苦等等。

相关研究表明，人的情绪、情感等因素会对人体的健康状况产生明显的影响。愉快、高兴、兴奋等积极的情绪对于保持身体健康有着明显的益处，反之，难过、恐惧等消极的情绪会损害人的身体健康。幼儿处于身体生长发育的重要阶段，保持积极的情绪对于他们的健康成长来说是非常有益的。若是幼儿长期闷闷不乐、心情不好，很可能会造成自身的免疫力下降，影响到身体发育。因此，无论是幼儿园还是家长都应当采取有效方式来保证幼儿积极的情绪，让他们茁壮成长。体育课程的游戏化就是一种非常有效的方式。幼儿在游戏的过程中，会获得开心、愉悦、满足等积极的情绪。

四、有利于培养幼儿的思维能力

幼儿体育游戏课程中蕴含着大量的智慧，并不是简单的活动性游戏。幼儿在参与游戏课程的过程中，需要开动自己的脑筋，想出有效的办法完成游戏目标。因此，幼儿体育游戏课程能够培养幼儿的思维能力。幼儿体育游戏课程尤其适合于培养幼儿的想象力，而想象力正是思维能力的一个具体的展现。在开展幼儿体育游戏的课程中，幼儿获得了大量的发展想象力的机会，如在"前后靠"的游戏中，游戏需要通过自身的想象判断能力来明确自己应该如何追人，如何逃脱别人的追赶。在这样思考的过程中，幼儿的思维能力得到锻炼。不同类型的幼儿体育游戏课程的侧重点不同，对于幼儿思维能力所起到的锻炼作用也不同。在具体的实践教学中，幼儿教师应当灵活选择游戏课程，使幼儿的思维能力得到良好的锻炼。[①]

五、有利于促进幼儿的社会化发展

（一）培养幼儿适应环境的能力

相关条例规定，幼儿园应制订合理的幼儿一日生活作息制度，幼儿户外活动时间每天不得少于两小时。户外活动对幼儿具有重要意义。体育活动大多是

---

① 葛东军. 幼儿游戏设计与案例 [M]. 石家庄：河北大学出版社，2012：153.

在户外进行的，户外体育活动不仅能锻炼幼儿对外界温度的适应能力，还能增强幼儿的抵抗力。经常参加户外体育活动的幼儿，能够很好地适应夏季的酷暑和冬季的严寒。即使在过渡季节，身体也能很好地适应，很少生病。反之，有些家长过度保护幼儿，怕孩子被风吹或被太阳晒，很少带孩子外出活动，这些孩子就像温室里的花朵，天气稍微有点变化就会引发呼吸道疾病。由于抵抗力低下，这些孩子上了幼儿园之后，也很容易被别的孩子传染，三天两头生病、缺勤。

因此，幼儿园要严格按照《规程》的指示，科学合理安排幼儿的户外活动时间和内容。通过户外体育活动锻炼幼儿对环境的适应能力，增强幼儿的抵抗力，培养"生龙活虎"的孩子。

（二）培养幼儿适应社会的能力

经常参加体育活动的孩子，其合作意识、竞争意识和交往能力都会得到提高，如在"接力跑"活动中，幼儿为了取得胜利，就会想办法与同伴加强合作，为了共同的目标而努力。如果最终取得了胜利，就会激发幼儿强大的成就动机，让幼儿更加自信，不惧困难，迎接挑战。通过经常参加体育活动，幼儿能够正确地认识自己和他人，增强社会适应能力。

经常参加体育活动还可以促进幼儿人际关系的健康与和谐发展。体育活动经常是以团体或小组的形式进行的。在活动中，幼儿需要遵守规则，与其他人沟通、交流。幼儿通过体育活动增进了对同伴的了解，与小伙伴产生共同兴趣和话题。因此，体育活动提供了交往机会，幼儿会交到更多的朋友，从而建立良好的人际关系，促进社会适应能力的发展。

第二节　幼儿园体育游戏课程的教学

现阶段，很多幼儿园一味地让幼儿多动，不在乎做法是否科学，是否符合幼儿身体发展的规律，这只能称为幼儿园"假体育"。真正的幼儿园体育课程是游戏化的，需要科学化、系统化，符合幼儿身心发展规律，并在专业老师指导下才能完成。在教学过程中，体育教师应遵循幼儿园体育游戏的教学原则，熟悉幼儿园体育游戏的教学与幼儿身心发展的特点，熟练地掌握与运用适合幼儿园体育游戏的教学方法。

一、幼儿园体育游戏课程教学的形式与特点

（一）幼儿园体育游戏课程教学的形式

教学形式指的是采用什么样的方式开展教学活动。选择恰当的教学形式对达到教学目标，提升教学效果来说是非常重要的。幼儿的兴奋点比较容易转移，注意力也不易集中，若是采取单一、枯燥的游戏课程，幼儿是很难被吸引的。只有丰富多样的教学形式，才能吸引幼儿的注意力，才能达到目标教学效果。在幼儿教学实践中，比较常见的幼儿体育游戏教学形式主要有集中注意力游戏、准备活动游戏、体育技术游戏等，每一种教学形式都有着自己的特点。

①集中注意力游戏。这类游戏是为了集中幼儿的注意力，为后续课程的开展做好准备。在这种教学形式中所采用的小游戏的共同点是趣味性强、协调性高、玩起来比较轻松。

②准备活动游戏。这是为了热身而开展的，主要内容包括一些体育技术动作、基本活动动作等。运动负荷量适中，一般安排在课程的准备部分。

③体育技术游戏。它是指以各种体育项目的基本技术动作作为素材的游戏，如田径的起跑。这种游戏活动的主要目的是复习体育动作技术，一般安排在课程的准备部分或基本部分。

④力量素质游戏。其目的是增强幼儿的某项力量素质，一般采用分队接力或个人赛的形式，如跳绳、接力赛等，通常安排在课程基本部分的后部。

⑤放松游戏。其目的是使幼儿运动后在身心上达到放松，由运动状态过渡到安静状态。这种游戏课程教学通常采用趣味性较强、运动负荷量较小的训练，安排在课程的结尾部分。①

① 依丹. 幼儿园体育游戏指导 [M]. 西安：西安电子科技大学出版社，2015：37.

（二）幼儿园体育游戏课程教学的特点

幼儿园体育游戏课程的教学是幼儿园体育教学的一个重要组成部分，它与体育教学一样，主要是通过身体运动的方式进行的，但幼儿园体育游戏课程教学也有其自身的特点，具体如下。

1.教学对象主动性

一般来说，幼儿都愿意做体育游戏，而对于其他体育形式，喜爱程度则各不相同。例如，大部分的男孩都喜欢踢足球，但大部分的女孩对此却并不感兴趣。体育游戏却不一样，无论是男生还是女生，都很喜欢参与进来，在体育游戏中尽情地玩耍。这就决定了体育游戏课程教学具有教学对象主动性的特点。这一特点也是将体育游戏作为一个重要的教学方式的重要原因。为了进一步提高教学的趣味性，幼儿教师可以多花点心思在体育游戏教学活动中。

2.教学任务多样性

幼儿体育教学的任务具有多样性的特点。具体来说，这个多样性体现在教师要运用体育游戏帮助幼儿增强体质，帮助幼儿掌握基本的体育知识，并对幼儿进行思想道德教育这几个方面上。在具体的教学实践中，既需要完成以上三个大的任务，还需要完成一些小的任务。

例如，集中注意力游戏要完成集中幼儿注意力的任务；准备活动游戏主要完成热身的任务；幼儿园体育游戏的教学还需要完成娱乐幼儿的任务。所有任务的完成都建立在一个基础点 —— 娱乐上。只有具有娱乐性的体育游戏才能吸引幼儿的兴趣，才能让幼儿感受到快乐，才能让幼儿积极地参与进来，也才能完成上面提到的各种任务要求。为了进一步保证游戏活动的娱乐性，幼儿教师在开展游戏教学活动时，要注意尽量运用多种游戏活动。

3.教学动作综合性

幼儿园体育游戏是一种综合性的体育活动。一般来说，每一个体育项目都有一个固定的模式，幼儿经过一段时间的适应可以形成自然、纯熟的动作，而体育游戏则是综合了各种体育项目和人体基本活动能力的动作，甚至生产动作、军事动作，以及模仿各种动物的动作等。动作的综合性使幼儿在完成动作时难以形成动力定型，必须要经过思考才做得出来。

4. 教学规则多变性

一般的体育项目的规则在一段时间内都是固定不变的，但是体育游戏的规则却是多变的。这是因为体育游戏的规则是随着游戏和条件等因素的变化而变化的。正是这种变化性使得幼儿在参与游戏时，必须要多动脑、多思考，才能起到锻炼思维能力的作用。

5. 教学活动智力性

大部分的幼儿体育游戏都是需要幼儿综合运用体力与脑力才能顺利完成的。因此，体育游戏的教学活动是具有智力性的。这也决定了体育游戏教学活动既能帮助幼儿强身健体，也能帮助其开发智力。

6. 教学管理困难性

幼儿的体育游戏活动并不复杂，也不需要幼儿掌握某些高超的技能，但是在教学实践中，管理却比较困难。这种困难性主要体现在游戏活动讲解和组织这两个方面上。在幼儿教师进行体育游戏活动的规则讲解时，许多幼儿都比较兴奋，可能并没有听清楚规则。并且，在大多数情况下，体育游戏活动都是以比赛的形式开展的，因此，幼儿教师在组织游戏活动时，需要提前将游戏比赛的规则对幼儿讲清楚。一些游戏的规则本身就比较多变、复杂，幼儿可能难以理解，需要幼儿教师耐心讲解。组织游戏活动时的困难性，主要是由于一些调皮、好动的幼儿造成的。这些幼儿在参与游戏活动时，常常比较容易激动，且具有较强的好胜心，可能会出现破坏规则的情况，需要幼儿教师多加注意。

二、幼儿园体育游戏课程的教学原则

教学原则是开展一切教学活动都必须要遵循的基本准则，是教学实践活动中的经验总结。在教学中正确地理解与运用教学原则，可以提高教学质量，加快教学过程。一般的教学原则是适用于幼儿园体育游戏课程的，与此同时，幼儿园体育游戏课程还有一些比较有特色的教学原则，下文将加以论述。

（一）教师主导性原则

教师主导性原则主要强调幼儿园体育教师对游戏课程的教育引导和指导作用，体现在以下两个方面：

第一，组织和管理体育游戏活动。幼儿园体育教师不仅要在游戏中有效地组织幼儿开展体育游戏活动，保证游戏活动是按规则进行的。更为重要的是，幼儿教师需要负责对幼儿在游戏活动中所出现的一些不当行为加以管控，保证游戏活动的顺利开展和游戏的安全性。

第二，游戏活动气氛是保证幼儿可以全身心投入游戏的一个重要因素。幼儿教师要注意为幼儿营造欢快、紧张的游戏氛围。一般来说，幼儿在参与体育游戏活动的时候，都处于一个比较兴奋的状态之中，现场的活动气氛是比较热烈的。不过，为了进一步保证这种活动气氛，幼儿教师还是应当积极主动地去营造气氛。幼儿教师营造游戏活动的气氛的方法是比较多的，常见的有以下四种：

①鼓动

鼓动是一种简单常见却十分有用的方法，可以由幼儿教师自己进行，也可以呼吁一些没有参与体育游戏活动的幼儿一起进行。鼓动的方式有语言鼓动、掌声鼓动等。鼓动能够让现场的气氛更加热烈，也能够给参与体育游戏活动的幼儿们精神上的鼓励。参与体育游戏活动的幼儿在接收到鼓动的信息后，会备受鼓舞，更加投入地参与游戏活动。不过，鼓动这个方式也有两个比较明显的弊端，一是很吵闹，比较容易影响到其他正在上课的班级；二是容易使参与体育游戏活动的幼儿产生急躁情绪，在做一些技术动作时没有做到位。

②奖罚

奖罚是教学中的常用方式，其对于体育游戏活动的气氛烘托也能够起到一定的作用。

③假设与虚构

幼儿教师在组织开展体育游戏活动时，巧妙地运用这种方式也能够有效地烘托气氛。例如，当幼儿在参与用两条线画成的"过独木桥"游戏时，虽然游戏中所指的独木桥只是两条线，但是教师要通过语言描述、音乐烘托等方法，让幼儿感觉到自己正走在一座独木桥上，需要小心翼翼地对待，这样游戏活动现场也会更有气氛。

④教师参与

幼儿教师参与到体育游戏活动中，与幼儿一起做游戏，往往能让幼儿保持一种兴奋、快乐的心情。幼儿与教师同时游戏时，会表现得更加卖力，希望得到教师的认可与赞赏。当教师没有完成游戏时，幼儿会觉得教师与自己是平等的，也有教师不能完成游戏的时候，反而拉近了教师与幼儿之间的距离。教师在参与游戏活动的时候，可以用一些有趣的话语来活跃现场的气氛，让现场更加愉快、轻松。

（二）教育性原则

教育性原则是教学普遍遵循的原则之一。教育涉及德育、智育、美育与体育等多方面。这里的教育性原则专指德育，在体育游戏课程的教学中贯彻教育性原则是要求教师在教学中不应忽视幼儿的思想品德教育。因此，幼儿园体育教师在实践教学过程中应将游戏教学与思想品德教育巧妙地结合起来。

游戏是幼儿最喜欢的一种活动，在游戏的过程中，他们放松身心，收获愉悦的心情。在这样的情境下对幼儿进行恰当的教育是最合适不过的。因此，教育性原则是幼儿教师组织开展体育游戏活动时应当遵循的基本性原则。幼儿教师在体育游戏活动中可对幼儿开展的教育主要有以下三种：

①遵守规则、纪律的教育

在幼儿的意识中，做游戏就是玩耍，他们不重视遵守游戏规则。而规则是保证幼儿体育游戏活动顺利开展的基本保障，遵循规则开展游戏是很有必要的。因此，幼儿教师在组织幼儿开展体育游戏活动时，要注意同时进行遵守规则、纪律的教育，让幼儿逐渐意识到遵守规则和纪律的重要性，这对于幼儿以后的发展也是非常有益的。

②集体主义教育

大多数的幼儿体育游戏活动都是集体性的活动，需要幼儿之间进行合作才能实现。因此，在开展这些游戏活动时，教师就要注意对幼儿进行集体主义教育，让他们形成集体意识。

③意志品质的教育

一些体育游戏活动，需要克服困难、跨越障碍才能实现。幼儿教师正好利用这些游戏对幼儿进行教育，帮助他们养成坚强的意志品质，帮助他们更好地成长。

需要注意的是，幼儿教师遵循教育性原则组织开展体育游戏活动时，需要做到两个基本点。第一，要对在体育游戏活动中对幼儿进行思想品德教育给予充分的重视，明白思想道德教育对于幼儿成长的关键性，要抓住体育游戏活动这个良好的契机进行思想道德教育。第二，在体育游戏互动中开展幼儿教育时，要注意灵活使用各类教育方式，避免枯燥、老套的说教，影响教育成效。

（三）锻炼性原则

幼儿体育游戏和智力游戏都是为教育服务的，这是两者间的共同点。两者之间最大的不同是目的不同。智力游戏是为了帮助开发幼儿的智力而组织开展的活动。体育游戏的主要目的是为了锻炼幼儿的身体，帮助幼儿健康成长。当然，体育游戏也能在一定程度上促进幼儿智力的发育。幼儿教师在组织开展体育游戏时，就要注意弄清楚体育游戏与智力游戏之间的区别，注意强调体育游戏的主要目的，坚持锻炼性原则。在组织和安排体育游戏的类型和强度时，也要综合考虑到对幼儿的身体锻炼是否有益。

（四）娱乐性原则

幼儿园的体育游戏活动需要遵循娱乐性原则。爱玩是幼儿的天性，没有娱乐性的体育游戏对于幼儿来说是没有任何的吸引力的。因此，幼儿教师在组织开展体育游戏活动时，一定要注意保证游戏的娱乐性，让幼儿感受到游戏是有趣的、好玩的，这样他们才愿意参与到游戏活动当中来，也才能顺利开展体育游戏活动，并实现体育游戏课程的目的。

（五）安全性原则

安全性原则是开展任何体育游戏活动的首要性原则，一切的游戏活动都必须要建立在保证幼儿安全性的情况下进行。首先，要保证幼儿体育游戏的设备和器材是安全的，避免一些具有尖锐的棱角或是比较坚硬的器具出现在游戏场地中。其次，在游戏开始前，幼儿教师要将一些游戏中的安全注意事项给幼儿讲清楚，让他们具有一定的安全意识。最后，幼儿体育游戏具有竞争性、竞技性的特点,幼儿在参与体育游戏的过程中,斗志被激发,投入程度也比较高,还会产生一些比较激烈的情绪。因此,幼儿教师要时刻关注幼儿的行为,避免幼儿间发生争吵、打闹、推搡等行为。

三、幼儿园体育游戏课程教学的过程

幼儿自控能力较差,注意力容易被周围的环境影响而分散,因此体育游戏课程多采用直观、形象的教学方法(如示范、图解、手势等)开展教学活动,引导幼儿开动脑筋,在游戏中培养幼儿的智力,帮助他们在不知不觉中集中注意力。幼儿园的体育游戏课程的过程分为准备环节、实践环节和结束环节,以下进行详细论述。

(一)准备环节的开展

准备环节是开展体育游戏活动的基础。这个环节中要做的工作主要是体育游戏活动的场地、道具等方面的准备活动。

1.场地的准备

开展幼儿园体育游戏课程需要合适的场地。场地的大小需要幼儿教师根据参与体育游戏课程的幼儿的人数的多少确定。除了部分游戏可以利用现成的场地外,大多数的体育游戏课程都需要幼儿教师自己布置场地。在进行场地的布置工作时,需要注意以下三个方面:

①要注意场地的安全性

场地的安全性要求场地满足以下三个条件:第一,场地的表面要平整、光洁,要清除碎石、沙砾等细小物质。第二,场地的表面不能结冰。第三,场地不能紧邻着建筑物。

②场地的边界要清楚

体育游戏的场地需要绘制一些边界线,作为游戏中犯规或是决出胜负的依据。这些边界线的绘制要清楚,要能够让人一眼就看到。在草地上绘制边界线时,尤其要注意不要被草挡住。

③游戏场地与教室的距离应较远些

体育游戏活动的气氛比较热烈，幼儿也处于一个兴奋的状态之中，难免会比较喧闹，因此，游戏活动的场地要尽量离教室远一些，避免影响到其他正在上课的班级。

2.教具的准备

与一般的体育项目不同，体育游戏活动大多没有现成的道具，需要幼儿教师自己准备。在体育游戏活动开始前，幼儿教师就要提前将这些道具准备好，为体育游戏活动的开展做好准备。在实践教学中，幼儿体育教师可以通过以下几个方面来获得道具：

①幼儿教师可以直接利用其他体育项目的各种教具来开展体育游戏活动。常见的教具有球类、垫子、接力棒、绳子、呼啦圈等。

②幼儿教师可以自己主动去收集一些废弃物来作为制作道具的原料。各类纸箱、瓦楞纸板、包装袋、易拉罐等都可以作为制作道具的原材料。寻找这些废弃物并不困难，并且还不用额外花钱。幼儿教师在利用这些废弃物制作教具时，可以充分发挥自己的创意，制作出来的教具不仅有趣，而且还是独一无二的。

③还有一些体育游戏活动中要使用的教具，既没有办法借用其他体育活动的道具，也没有办法由幼儿教师自己制作完成。此时，就需要直接去市场购买。这些游戏道具主要包括玩具娃娃、气球、小塑料桶等。

④幼儿教师还可以按照自己的想法制作一些教具，简单的教具有小旗帜、套圈等。

⑤幼儿教师还可以指导、带领幼儿参与到游戏道具的制作之中。这样既能够解决道具的问题，也提升了幼儿的动手能力，可谓一举两得。这类道具不宜过于复杂，沙包是比较合适的。

3.助手的准备

幼儿教师可以从幼儿中选择一些小助手来帮助自己，这些小助手既可以帮忙布置场地和道具，也可以在游戏过程中帮助维持秩序。小助手在做这些事情的时候，也得到了锻炼。选择小助手的时间要提前，不要等到游戏要开始了才匆忙进行。选择合适的小助手后，还要将需要他们做的事情说清楚。伤病的幼儿、班长、体育委员、小组长等都是合适的小助手人选。

（二）实践环节的开展

实践环节中的教学方法主要通过游戏的讲解与示范、裁判与赏罚两个方面体现的。

1.游戏的讲解与示范

（1）游戏的讲解

幼儿教师在游戏开始前，要向幼儿讲解清楚将要进行的游戏。在讲解时要注意做到简练、形象，让幼儿听懂。在讲解游戏时，幼儿教师要注意做到以下四点：

①准确站位

幼儿教师在讲解时站立的位置是有讲究的，要注意站在全体幼儿都能够看得见和听得清楚的地方。如果是做分队接力游戏，教师可以站在队伍中间进行讲解。教师的站位要灵活，没有强制的规定，只需要满足让幼儿看得见和听得清的要求即可，要根据实际的需求恰当的变化。

②整理纪律

游戏是幼儿们最喜欢的事情，因此在开展体育游戏课程教学之前，幼儿常常会处在一个比较兴奋的状态之中，内心对于即将开展的游戏也满怀期待。在讲解游戏时，现场的纪律可能会不太好。幼儿教师若是不对纪律进行整顿，游戏讲解的效果就会大打折扣，许多幼儿可能根本就没有将教师所讲的话听进去。这样讲解就失去了意义。教师可以提高声量组织幼儿们安静下来，若是还存在喧闹的情况，那么教师可以采用暂停讲话的方式来整顿纪律。需要注意的是，幼儿教师要切忌不能用吼叫、谩骂等方式来整顿纪律，一定要尊重幼儿，谨言慎行。

③讲解清楚

幼儿园的体育游戏活动开始后，再停下来讲解游戏会影响幼儿们参与游戏的积极性，也让整个活动显得不流畅。因此，幼儿教师应当在游戏活动开始之前，就将游戏讲解清楚，一些简单的游戏活动只需要讲解一次即可，但是一些比较复杂的游戏活动，需要多讲解几次，直到幼儿们听懂为止。若是开展接力游戏活动，那么尤其要注意将游戏规则向排头的几个幼儿讲解清楚，保证他们做对，这样才能避免后面的幼儿跟着做错。

④明确顺序

幼儿园体育游戏的讲解要按照一定的顺序进行，比如游戏的名称 — 游戏的队形分布 — 游戏的方法（过程）— 游戏的规则与要求。后两项是讲解的重点。切忌毫无头绪地无规律讲解，这样不仅不能使幼儿明白游戏的步骤，还可能使幼儿的思维出现混乱的现象，从而失去游戏兴趣。

（2）游戏的示范

游戏示范是帮助幼儿掌握游戏方法的重要方式。示范中，要以娴熟、有趣的动作激发幼儿的情绪，吸引幼儿积极参与到游戏中。讲解之后，由教师本人或者一个幼儿示范一次，使幼儿对于游戏的路线、动作规格、回转点以及接替方法等更加明确。游戏的示范动作在技术上不是很复杂，要求也不是很高，但涉及人体的基本活动能力、身体素质练习、体育动作技术、球类基本战术以及模仿军事作战、生产劳动、各种动物的姿势等，尤其是为了增加游戏的趣味性，经常采用一些新颖的、难以协调的动作，如"鸭子赛跑""抓耳抓鼻""仰爬接力"等游戏中的某些动作对幼儿而言就不是特别容易的事。因此，教师必须用丰富的知识、全面的技术和较好的协调性清晰地为幼儿做出示范动作。

2.游戏的裁判与赏罚

游戏的裁判对于整个游戏活动来说是比较关键的，必须保证公平、公正。幼儿教师可以挑选一些平时表现比较公正、负责的幼儿来担当游戏活动的裁判。游戏的规则不复杂，裁判要按照规则进行公正的评判。裁判在发现其他幼儿在参与游戏活动的过程中出现违规行为的话，一定要及时裁决。一旦出现裁判不公的现象，那么整个游戏活动就难以顺利进行了。因此，幼儿教师在挑选到合适的裁判后，一定要将公平、公正的要求给他们讲清楚。其他幼儿也要对裁判的判决进行监督，保证公平性与公正性。

游戏活动应当设置一定的奖惩，才能进一步激发幼儿参与活动的积极性与投入性。不过，体育游戏活动本身就具有很强的娱乐性，因此，奖惩要避免严肃性，更适合用一些玩笑的方式来进行。若是过于严肃，反而失去了开展体育游戏互动的意义，也让幼儿难以接受。惩罚的内容也一定要注意分寸性，坚决避免一些具有侮辱性的惩罚（如学狗叫、钻跳马等）。下面推荐一些开展幼儿体育游戏活动的合理的奖惩方式。

①负队幼儿向胜队幼儿敬礼。

②负队幼儿向胜队幼儿做一个40°（或其他任意指定的角度）的鞠躬。

③负队幼儿拥抱胜队幼儿。

④负队幼儿帮老师归还器材。

⑤负队幼儿面向大家笑三声。

⑥负队幼儿表演一个短小的节目。

⑦负队幼儿唱一句儿歌。

⑧做错动作的幼儿用右手捏住耳朵原地转一圈。

⑨做错动作的幼儿原地蹲两次。

⑩做错动作的幼儿数五个数。

⑪做错动作的幼儿跳支幼儿舞蹈。

⑫做错动作的幼儿为大家讲个短小的故事或笑话。

（三）结束环节的开展

体育游戏活动结束以后，还需要进行游戏小结和收拾器械这两项活动。在游戏结束后，幼儿教师就可以组织幼儿进行游戏小结了。小结主要是以表扬和鼓励幼儿为主，对游戏活动中表现比较好的幼儿或是小组都要进行表扬；对于游戏活动中没有获得成功的幼儿要给予恰当的鼓励，让他们有信心下次可以做得更好。针对部分在游戏活动中出现犯规行为的幼儿，也要进行提醒和批评教育。

然后就是进行收拾器械的工作，幼儿教师可以安排小助手去检查器械的使用情况，然后组织幼儿一起收拾、放置好器械，以便下次再用。

四、幼儿园体育游戏课程教学的组织与管理

要完成幼儿园体育游戏课程教学的任务，教师就要科学地组织与管理幼儿园的体育游戏课程工作。幼儿游戏课程教学中的组织管理工作除了一般的整

队、调队，还有游戏的分队处理、领头人的选择、课程中的指导工作以及课后的评价。

（一）游戏的分队处理

接力游戏、追逐游戏等幼儿体育游戏活动都是采用分队的形式进行的，因此做好游戏的分队处理工作是很有必要的。

1.保证分队人数相等

分队的第一个要求就是要尽量保证分队的人数是相等的。若是出现了分队人数不一致的情况，可以采用两个方式来进行调整。第一个方式是从人数多出来的分队中，抽取几名公正的幼儿来担任裁判。第二个方式是人数较少的那一个分队，教师可以加入，以补充人数。

2.保证各队实力相当

为了游戏的公平性，教师在分队的时候，要保证各分队的实力是旗鼓相当的。可以从幼儿的身高、体重、技术等方面来对幼儿进行综合评定，并分队。有教师参与的情况下，要注意协调分队的人数，可以在其他分队中多分一些幼儿。

3.考虑男女的力量悬殊

男生与女生各自的擅长点不同，男生在力量方面强于女生，女生在细致、精巧方面强于男生。因此，在进行游戏分队时，要注意根据不同的游戏来划分男女生的比例，保证游戏的公平性。

4.保证分队人数恰当

幼儿教师在分队时，还要注意考虑分队的人数问题。一个分队有多少人，需要从幼儿的年龄情况、游戏的强度、气温的高低等多方面来综合考虑。例如，冬季的户外气温较低，每一个分队的人数就不能太多，避免其他幼儿等待游戏的时间过长。一般来说，一个小分队的幼儿人数数量在 10 人到 15 人之间，是比较合理的。幼儿园游戏活动中常用的幼儿分队方式有下列三种：

①固定分队

固定分队是指幼儿教师根据幼儿的身高、体重等多方面的情况，对班级内的幼儿进行分组。在分组完成后，以后进行体育游戏活动时，都按照这次的分组情况进行，不再轻易变动。这种分组方式的好处是节约时间，不必每次都在分组上耗费时间。

②按自然组分队

班级内部原来就已经对幼儿进行过分组，在开展体育游戏活动时，可以按照这个分组进行。若是不同小组幼儿的实力有着较大的差距，那么幼儿教师要进行调整，保证各小组的实力大致相等。

③报数分队

报数分队也是一种比较常见的分队方法。幼儿教师让幼儿按照高低顺序依次站队，要分几个小队就报数到几，如要分成 4 个小队，就让幼儿按照 1、2、3、4 的顺序依次报数，报到相同数字的人成为一个小组。在分组完成后，幼儿教师同样需要对各小组的实力进行综合考虑和调整，让各小组的实力大致相等。

（二）领头人的选择

领头人指的是体育游戏活动中，带头完成游戏的人，或是一场游戏中的主要角色。对于接力游戏而言，领头人指的是排在队伍首位的人，在追逐游戏中，领头人则变成了追逐方。领头人的选择也是影响体育游戏课程效果的一个重要因素。幼儿教师在挑选领头人时，一般应当挑选那些比较机灵且责任感较强的幼儿。在开展体育游戏课程的教学实践中，比较常用的挑选领头人的方法有以下四种：

①教师指定

由幼儿教师直接指定游戏的领头人，是一种比较常见的且很实用的方法。幼儿教师了解自己所带班级的幼儿情况，也了解游戏的难度和需要的领头人是什么样的。一般来说，若是要开展的体育游戏活动是比较复杂的，那么教师可以选择具有一定组织能力且思维比较活跃的幼儿作为游戏的领头人；若是强调体力的追逐类游戏，则可以在幼儿中选择一个体力较好的作为领头人。

②幼儿推选

幼儿推选也是一种比较常用的方式，每一个小分队的幼儿都可以推荐一个幼儿作为领头人。

③幼儿自荐

幼儿自荐的方式，可以帮助幼儿提升自己的胆量，对幼儿可以起到很好的锻炼作用。

④幼儿轮流担任

这种方式可以让每一名幼儿都体验到当领头人的感受，增加幼儿的游戏感受与游戏体验，也是一种很好的选择领头人的方式。

（三）课程中的指导

幼儿教师在组织幼儿开展各类体育游戏课程时，需要对幼儿做一些正确的指导，以保证游戏课程的顺利进行。具体来说，课程指导体现在下列五个方面上。

1.及时处理犯规现象

在进行体育游戏活动的过程中，不可避免地会出现有幼儿犯规的情况。这是由于在大多数幼儿的思想中，都认为做游戏就是玩耍，并不一定需要遵守规则，对游戏规则没有重视。当幼儿出现犯规行为的时候，教师若是没有及时采取有效方式对其进行制止和纠正，那么就会有更多的幼儿认为规则是可以被破坏的，会有更多的幼儿出现犯规现象。因此，教师要"犯规必究"，让幼儿明白遵守游戏规则的重要性，避免再次犯规。这样才能规范幼儿的行为，保证体育游戏课程可以顺利开展。不同游戏的规则不同，幼儿犯规的形式也不同，教师要注意认真观察，不要遗漏一些不明显的犯规行为。

2.及时制止争吵现象

在开展体育游戏课程时，幼儿们都处于一个比较兴奋的状态之中，情绪比较激动，常常会因为一些小事，发生争吵。当出现这种情况的时候，幼儿教师要及时予以制止，调节争吵双方的矛盾。针对争吵的原因，幼儿教师要询问清楚，不能偏信一方，要多方证实。

3.立即处理不安全问题

安全问题重如泰山，在开展幼儿园体育游戏活动时，有时由于计划的不周密、游戏器材发生问题等引发幼儿安全问题。当安全问题发生时，幼儿教师要立即停止授课，处理好安全问题后，才能继续上课。

4.限制游戏活动范围

限制游戏活动范围有两方面的好处，其一是避免幼儿跑到其他班级的领域中去；其二是避免幼儿离开教师的视线，进一步保护幼儿的安全。

5.适时结束游戏

教师要综合考虑锻炼效果和娱乐效果这两个方面来选择合适的时机结束游戏活动。从锻炼效果方面来说，幼儿的运动锻炼必须要遵循适当的原则，运动量太大会损伤幼儿的身体，运动量太小又达不到锻炼的效果。因此，幼儿教师可以仔细观察幼儿的锻炼情况，在完成锻炼目标后，选择合适的时机结束游戏。从娱乐效果方面来说，幼儿体育游戏可以让幼儿愉悦心情，幼儿一般都想多玩一会儿。但是教师不能随幼儿的想法加长游戏时间，而应当按照课时计划进行。在时间到了之后，就要及时地结束游戏。只有让幼儿对游戏产生一种意犹未尽之感，幼儿才会对相同的游戏继续保持较高的兴趣。

（四）游戏活动的评价

《幼儿园教育指导纲要（试行）》明确指出："教育评价是幼儿园教育工作的重要组成部分，是了解教育的适宜性、有效性，调整和改进工作，促进每一个幼儿发展，提高教育质量的必要手段。"可见，全面了解幼儿园体育游戏活动的评价内容，科学地选择适宜的评价方法，有利于教师对体育游戏活动的组织与管理进行更好地优化与调整，从而充分发挥体育游戏促进幼儿身心发展的重要价值。

1.活动评价的内容

幼儿园体育游戏活动的评价内容主要包括以下四项：

（1）身体健康的评价

对幼儿身体健康的评价主要是指根据幼儿体质健康标准，结合幼儿的体格检查情况，对幼儿的身体姿势与体型等身体的外部形态进行科学全面的评价。这类评价主要包括对幼儿的体质健康、体格发展、体能素质以及生活习惯等方面进行的综合性评价。

（2）健康知识与运动技能的评价

在幼儿园体育游戏评价中，对幼儿的体育健康知识与运动技能的评价主要包括三个方面的内容：一是对幼儿对体育与健康的认识情况进行评价；二是对幼儿对体育与健康知识的掌握程度及实践运用情况进行评价；三是对幼儿对与其学习水平和目标要求相符合的运动技能的学习、运用情况进行评价。

（3）学习态度与行为表现的评价

对幼儿在参加体育游戏活动过程中的学习态度与行为表现进行评价的内容主要包括四个方面的内容：一是对幼儿在体育游戏活动中的积极性进行评价；二是对幼儿在体育游戏活动中对规则、纪律的遵守情况和表现情况进行评价；三是对幼儿参加体育游戏活动的自觉性与主动性进行评价；四是对幼儿在参加体育游戏活动过程中所表现出来的态度进行评价，具体包括幼儿是否全身心地投入游戏、是否积极主动地思考问题、是否愿意为了实现目标而反复练习、是否能够认真地接受教师的指导等。

（4）情感意志与社会适应能力的评价

对幼儿在参加体育游戏活动过程中的情感意志进行评价的内容主要有两点：一是对幼儿的情绪进行评价，即幼儿在游戏过程中能否很好地控制情绪，是否具有高度的热情；二是对幼儿的自我概念进行评价，即幼儿能否战胜如自卑、胆怯等消极心理，能否充满信心地参加体育游戏活动，是否能够努力地展现自我。针对幼儿社会适应能力的评价分为两个部分，第一个部分是评价幼儿在取得成功后，是否会积极主动地与同伴分享。第二个部分是在开展体育游戏的过程中，幼儿是否能够与同伴进行良好的合作。

2.活动评价的技巧

教师在对幼儿参加体育游戏活动过程中的情况进行评价时，主要使用语言评价与非语言评价的方法。

（1）语言评价

在评价中，多运用一些激励性的语言，对于激发幼儿对游戏的兴趣及提升幼儿的自信都是很有益的，除此之外，还能够培养幼儿积极、进取的学习态度。因此，教师应该多使用肯定性与激励性的语言进行评价。此外，丰富且富有新意的语言更能吸引幼儿的注意力，也更能展现教师的个人魅力，因而教师在对幼儿的学习与练习情况进行评价时应尽量使用具有创新性的语言。比如，当教师要请某一小组的幼儿为大家示范游戏动作时，可以说："因为你们小组表现得很好，因此请你们来为大家示范表演一下。"当小组示范结束之后，此时，教师又可以说："请大家用热烈的掌声感谢他们。"这样，不仅可以使示范表演的幼儿充分体验到成就感，还可以使观看的幼儿学会感激与欣赏。

（2）非语言评价

在幼儿园体育课程教学中，教师的非语言评价主要包括手势动作、眼神接触、面部表情、动作暗示以及哨声使用等几方面的内容。

①手势动作

在开展幼儿园体育游戏活动的过程中，幼儿教师会经常使用一些手势动作来进行评价。不同的手势动作代表着不同的含义。当幼儿在体育游戏活动中表现得很好的时候，教师可以用竖大拇指的动作来赞赏幼儿。当幼儿努力做好，却还是没有按照规则很好地完成游戏动作时，教师可以轻轻拍一下幼儿的肩膀，表示鼓励。当有幼儿在游戏中处于落后方时，教师可以双手握拳，向前挥舞，为幼儿加油鼓劲。这些手势动作都很平常，但是却非常实用。

②眼神接触

眼神能够传递丰富的信息，幼儿教师要善于运用眼神来与幼儿进行交流。当幼儿在参与体育游戏活动中，获得很大的进步时，教师可以向其投去赞赏的目光，对其进行表扬。当幼儿在体育游戏活动中表现出胆怯、害怕等情绪时，教师要用鼓励性的目光去注视他，让他感受到关心与鼓励。总之，通过眼神来进行评价，能够获得不错的效果，值得每一名幼儿教师给予重视。

③面部表情

人的面部表情展现了他的情绪与想法，幼儿教师要利用面部表情向幼儿传递信息，对其参与体育游戏活动的表现进行评价。例如，当幼儿表现很好的时候，教师要以眉开眼笑的表情给予幼儿认可与关注的感受；当幼儿准确地完成某一个动作时，教师可以通过真诚的微笑表示对幼儿的欣赏，以激励其更加积极主动地参加体育游戏活动。

④动作暗示

在体育游戏活动教学中，幼儿教师常使用的动作暗示主要有点头、鼓掌等。点头是对幼儿表示肯定与赞许的有效方式，能够对幼儿的行为起到强化作用。当幼儿正确地完成了某一个动作的时候，幼儿教师向其点头，幼儿就明白自己所做的动作是正确的，在游戏中会继续更卖力地做这个动作。反之，若是幼儿在做完一个动作后，看到的是教师在摇头，那么他就认识到自己所做的动作并不正确，就会想办法纠正。

除了点头外，鼓掌也是幼儿教师在组织开展体育游戏活动时的一种很常见的动作暗示方式。在一些恰当的时候，幼儿教师通过鼓掌的方式来传递信息，常常能获得比较理想的效果。例如，幼儿在游戏中表现优异，教师就可以鼓掌对其进行表扬。若是幼儿在游戏活动中表现得较为吃力，那么教师也可以通过鼓掌的方式来对其进行鼓励。或者，幼儿吵闹时，可以用鼓掌的方式来提醒他们。这种委婉的提醒方式，既能让幼儿明白自己做得不对，也保护了幼儿的自尊心。

⑤哨声使用

使用哨子是一种比较有效的方式。哨声清脆而响亮，具有良好的提醒作用。当幼儿在进行体育游戏活动中，出现注意力不集中，交头接耳的情况时，幼儿教师就可以吹哨来提醒这些幼儿。幼儿在听到哨声后，就明白教师是在提醒自己，就会注意自己的行为。

五、幼儿园体育游戏课程教学的注意事项

幼儿的年纪很小，并且体力与智力都处于发育期，对一些比较复杂的游戏很难掌握。幼儿教师在组织开展体育游戏课程教学的时候，要注意练习形式不要太多，设定的游戏规则也不要太过复杂。

（一）练习形式不宜过多

在幼儿园体育游戏课程教学过程中，教师在安排练习形式时需注意三点：

第一，幼儿的骨骼正处于生长旺盛的时期，骨组织内有机物较多，无机盐较少，骨松质较多，骨密质较薄，骨骼富于弹性，骨的硬度小，不易骨折，但容易发生变形。长时间的站立和负重，容易影响下肢骨的发育，甚至造成下肢骨的弯曲变形及形成扁平足。因此，教师应避免负重过多的练习和时间较长的静力性练习。

第二，幼儿的心血管系统发育不完善，心缩力弱，心率快，每搏输出量与每分钟输出量比成人小，幼儿在运动时只靠增加心率来增加输出量，无法适应大运动负荷量的练习。因此，在组织幼儿做体育游戏时，运动负荷量不宜过大，时间不宜过长。而且，也不宜做过多憋气、紧张性、静力性练习，以免心脏长时间负担过重，得不到恢复，造成心脏过度疲劳，甚至损害。

第三，幼儿的胸廓狭小，呼吸肌力量弱，呼吸表浅，肺活量较小，呼吸频率较快，在进行激烈运动时，血乳酸含量的增长比成年人明显，说明无氧代谢的能力较低。因此，不宜进行时间过长的耐力练习，而应多采用以发展有氧代谢为主的练习。

（二）游戏规则不宜复杂

体育游戏需要遵循一定的规则来开展，但不是所有的体育游戏都有规则。一般来说，针对年龄很小的幼儿的体育游戏，有部分体育游戏是没有规则的。年龄稍微大一点的幼儿所参与的体育游戏大多有规则，不过规则也比较简单。这主要是由于幼儿的理解能力较低，简单的规则更容易被他们理解。

第六章　幼儿园体育游戏的创编与具体案例

　　游戏是提高幼儿身体素质和各方面能力的基本手段，同时，游戏也最能给幼儿带来快乐。而体育游戏对于幼儿来说有着较强的针对性，它具有集锻炼幼儿身体素质、开发幼儿智力以及丰富幼儿知识于一体的特点。因为社会观念和教育理论一直在进步，所以，幼儿园的体育游戏也要随着社会和理论的发展而不断变化，现有的幼儿园体育游戏存在一定的局限性，因此，需要尽快研究出新的，适合不同性格特点幼儿和不同地区幼儿的体育游戏，这是现阶段幼儿体育研究者的首要任务。因此，这一章节将对幼儿园体育游戏创编的相关原则、方法、程序和注意事项进行详细阐述，并为读者提供一些优秀的创编案例，以帮助读者更好地理解本研究。

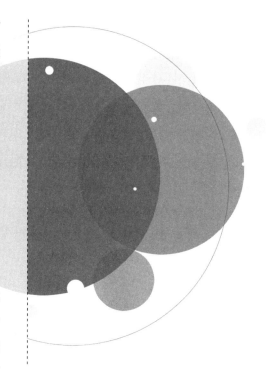

第一节　幼儿园体育游戏的创编

游戏是幼儿园体育课程的重要内容，幼儿教师一般会在游戏中实现自己设定的教学目标，这些游戏有的是从已经编写好的教材上得来，有的是教师根据自己所在幼儿园的场地和器材的实际情况，从实际出发对游戏的创新和改造。

一、幼儿园体育游戏创编的原则

幼儿园体育游戏的创编需要遵循一定的原则，主要是因为教师在进行游戏创编时，既要结合教育理论知识，又要适应自己所在幼儿园的实际情况，还不能违反相关的法律法规。按照一定原则创编的幼儿体育游戏，能最大限度地保证游戏活动的合理性。以下会分别介绍五个在幼儿园体育游戏创编时要依据的原则。

（一）科学性原则

科学性原则主要强调的是教师在创编幼儿园体育游戏时，要将游戏的内容设计与幼儿的年龄和性别搭配，使其符合科学性的要求。不同年龄段的幼儿虽然在爱好和个性方面有相似之处，但他们在基本动作的发展上依然存在差异。因此，教师要充分考虑到这种差异的存在，根据不同年龄幼儿的实际情况，安排游戏的难度。

（二）趣味性原则

趣味性是幼儿体育游戏之所以吸引幼儿的原因，它影响着幼儿园体育游戏活动的效果。因此，教师要在创编游戏时考虑到游戏的趣味性，以趣味激发幼儿参加体育游戏活动。当教师对体育游戏进行具体的创编时，要重点考虑游戏的动作设计和胜负裁决，使游戏的丰富性、生动性和多样性充分体现出来，以便让幼儿尽可能地参与到游戏中来。

（三）锻炼性原则

锻炼性原则主要指的是实施体育游戏课程的目的，是要让幼儿的基本动作得到完善。因此，幼儿园体育游戏的创编，要以促进幼儿基本动作的完善为主，将锻炼性融入其中，以基本动作的训练作为幼儿园体育游戏情节设计的基础，但是，基本动作的训练也要掌握好度，要给幼儿一个适应的过程，保持合理的负荷水平。

（四）安全性原则

安全是开展任何体育活动都要遵循的基本要求和前提条件，在创编幼儿园体育游戏时更应重视。教师创编的体育游戏要符合安全性原则，保证幼儿在开展活动时的安全。具体做法上，教师要提前考虑在进行幼儿园体育游戏活动时可能存在的安全隐患，合理规避这些不安全因素。并且，教师要对游戏的各个环节进行仔细考量、反复验证游戏各环节设计的合理性，从而实现防患于未然。

（五）教育性原则

教师开展任何活动都应包含一定的教育作用，这是学校开展各种活动的初衷，在幼儿园体育游戏活动中也不例外。教师在创编体育游戏活动时，要注重体现体育游戏活动的教育性，融入思想品德教育，以改良幼儿的个性品质，培养幼儿的意志品质、责任意识和集体精神。不仅幼儿基本动作的发展需要体育游戏，而且幼儿认知水平的提高也要依赖体育游戏，同时，体育游戏也是对幼儿进行品德教育的重要手段。

二、幼儿园体育游戏创编的方法与程序

科学性与合理性在保证游戏创编活动的顺利进行中发挥着重要作用，它能够让创编出来的幼儿园体育游戏更加的规范、合理。所以，掌握幼儿园体育游戏科学的创编方法和程序对教师来说显得尤为重要。

（一）幼儿园体育游戏的创编技法

幼儿园体育游戏的创编技法多样，由于篇幅有限无法一一列举出来，因而下面只对常见的六种方法进行详细阐述。

1.模糊竞争法

模糊竞争法主要是将竞争弱化，淡化竞争带来的压力，减轻竞争在学习中的重要性，从而达到竞争与合作相结合的教学目的，这样做是为了让更多的学生感受到运动带给他们的愉悦心情。以拔河为例，一般传统的拔河游戏都是一方将另一方带有标记的绳子拉过"界河"就算胜利，但这种拔河比赛规定显得太死板，只是看到了双方的竞争而忽视了竞争背后该有的运动之乐。但模糊竞争法就有所不同，按照这一方法的要求，即使一队将绳子拔过自己这方的"河界"，也不能算胜出，而是要将自己的一名队员派到对方阵营中，帮助对方来和自己队竞争。这样做就显著淡化了比赛的竞争性，而让幼儿能充分感受到运动与合作的乐趣。

2.逆向思维法

在游戏中决出最终的胜利者是传统体育游戏的要求，这样就能产生唯一的胜利者。然而，最终优胜者的产生过程中必然伴随失败者的产生。这样的游戏规则会让幼儿体验一些毫无意义的失败感，从而导致他们对运动产生厌恶情绪，对他们以后进行体育运动造成了不良影响。为了避免这种不良影响的产生，我们就可以使用逆向思维法。首先，逆向思维法是体育游戏创编技法中的一种，它提倡一种"比起竞争，更强调协同；比起争斗，更强调合作；比起模仿，更强调创造；比起能力，更强调表现"[①]的教育理念，以在体育运动中不产生失败者为核心。为了更好地说明这一原则在实际中的实施效果，笔者以抢板凳游戏为例，按照抢板凳游戏的一般要求：参与游戏的人必须围着一些凳子慢跑，因为圈中凳子的数量始终比实际参加游戏的人数少一，那么在游戏中必然会有一个人因为没有抢到凳子而被淘汰，在进行多轮游戏之后，就会产生最后的胜出者。所以，按照一般的游戏规则，这个游戏只会有一名胜利者和若干

---

① 郑艾明.幼儿园体育活动的理论与方法[M].北京：北京邮电大学出版社，2013：92.

名失败者。如果按照逆向思维的法则来制订游戏规则，那么在游戏参与者和凳子数量不变的情况下，规定没抢到凳子的人可以和别人坐在一把凳子上，这样没抢到凳子的人也不会被淘汰，依照这一规则将比赛进行到最后，会看到参加游戏的幼儿都会坐到一张凳子上去。这样，大家既感受到了游戏的乐趣，又不会因为没抢到凳子而产生所谓的"失败者"。

3. 角色平等法

在教学中充分体现公平性与民主性，让每个幼儿都得到表现自己的机会，这是角色平等法的基本要求。这一方法能让每个幼儿都能在游戏中得到锻炼。以游戏"丢手绢"为例，在进行这一游戏时，因为游戏中手绢丢给的参与者可以是同一个人，有的参与者可能已经玩了几次游戏，而有的参与者却一次都没有参与，只能看着别人跑来跑去。为了让每个人都参与其中，教师可以遵循角色平等法的要求，规定每个人在丢手绢时都必须丢给没参加过的人，这样就能最大限度地保障所有儿童都能参与到丢手绢活动当中来，让每个幼儿都得到了锻炼的机会。再比如"老鹰捉小鸡"游戏，因为每组中"老鹰"和"母鸡"都只有一只，而很多幼儿只能当"小鸡"在后面跟着，从游戏开始到结束，有的幼儿可能一次"老鹰"或"母鸡"都没有当过，但有的幼儿却能多次扮演主导角色。针对这一现象，教师可将参与游戏的人数控制在一定范围内，如将每四个人安排为一组，这样每组"小鸡"的人数就被控制在两人，再要求"老鹰"在每次捉到"小鸡"后，都要和扮演"母鸡"的幼儿互换角色，而"母鸡"再和"小鸡"中的未被"老鹰"抓的幼儿互换角色，这样两只"小鸡"都互换了角色。这样，"小鸡"就不会因为被捉住而退出游戏了，体现了教学中的民主性、公平性理念。

4. 相对"不合理"法

这里所说的"不合理"是一个相对的概念，存在于客观时空当中，这种看似不合理的做法实为对情感体验和心理上"合理化"的追求。也就是说，要在体育游戏中公正客观地看待每个参赛个体或集体在技术水平、身体素质上存在的差异，以场地、器材和规则等诸多可控因素的变换，让参赛队伍在"综合实力水平"上趋于平衡。这是在比赛双方实力不对称的前提下才能使用的，比如在拔河比赛中，一队人因为身体较强壮，身高、体重都很平均，集体力量较大，而另一队因为身高和体重普遍较低，在拔河比赛中处于绝对的劣势，这时候老师就可以要求较弱的那一队多加入一两个人，使得两队在整体实力上趋于平衡。这样做不但能显著提高体质较弱的幼儿参加比赛的积极性，还能让他们在有机会获胜时，获得心理上的"喜悦感"。而且，这样做对体质较好，身体强壮的一方也是十分有利的，他们必须认真对待游戏，才能发挥出最佳水平并获得胜利。

5.结构改组法

结构改组的关键在于改变游戏的过程结构，使游戏的教学过程更合理、更科学。比如说在"贴人"游戏中，如果追逐者和被追者的身份一直不变，久而久之，追逐者的兴趣就会明显降低。为了让游戏的趣味性更加明显，避免出现追逐的人越追越累的现象，教师可以将游戏的结构改为追逐者和逃跑者身份互换的游戏形式，这样能较好地提升教学的效果。又如，"大渔网"游戏，因为参与者活动的范围大、奔跑的时间长，极易导致出现超出合理的运动负荷的现象。人数众多还容易造成行动上的不统一，指挥上的混乱，而且一些幼儿因为高速奔跑，很容易受到意外伤害。针对这种情况，教师可将"大渔网"游戏的结构进行改组，控制场地的大小和人数。将幼儿分为几个"网鱼队"，既可以分散捕捞，也可以联合捕捞。这样就能在短时间内把"鱼"捕到，也不会造成幼儿运动过载。

6.改变结束法

改变结束法指的是改变游戏的结束方式，目的在于让游戏在一种和谐的状态下收尾。例如，在游戏"大渔网"中，可以要求幼儿不必把所有的"鱼"捕干净才结束，因为"大渔网"游戏活动范围太广，运动量特别大，这样容易造成幼儿精神上和身体上的超负荷而对身体健康不利。为此，教师可采用限定时间的方法解决这个问题，比如看哪一队在 2 分钟内捕的"鱼"最多，以捕鱼最多的那一队为最终的获胜方。这个方法也可以用到"老鹰抓小鸡"的游戏当中，将规则改为在一定时间内母鸡身后剩余"小鸡"数量最多的一方获胜，而不是等到母鸡身后的"小鸡"被抓光才结束。

运用以上方法创编幼儿园体育游戏，能最大限度地避免游戏教学中"单调重复"的倾向，让游戏一直保持新鲜感，这很符合新课程标准对教学中体育游戏设计的要求。同时，教师们也不要局限于以上六种方法，只需将这些方法的基本原理学会，再在教学中活学活用，就可以创造出各种符合实际的幼儿园体育游戏来。

（二）幼儿园体育游戏的创编程序

幼儿园体育游戏是在遵循一定的程序的基础上创编出来的，它的具体创编程序主要分为以下六点：

1.明确游戏的目的

体育游戏是幼儿最喜欢的活动之一，他们参加体育游戏活动就是为了体验游戏带给他们的快乐，这种快乐的体验贯穿了游戏的整个过程。对教师而言，开展幼儿园体育游戏除了让幼儿感受到快乐之外，一个重要的原因就是在游戏中对幼儿进行教育，教育价值是教师在组织开展游戏过程中考虑最多的一点。而且，游戏是幼儿园进行体育教育的一个重要手段，教育者希望以游戏的方式来帮助幼儿建立起对体育的热爱，帮助幼儿在基本动作和心理素质上取得进步。这也是教师应该明确的教学目标。

2.选择游戏的素材

游戏目标的明确为游戏素材的选择指明了方向，教师选择的游戏素材必须与所做的游戏的任务搭配，在挑选素材时要有针对性。比如说，如果想要使幼儿的手部力量得到锻炼，那么教师就可以选择一些以拉、推为主要动作的游戏素材；如果游戏的目标是培养幼儿的注意力，那么教师就可以选择一些静止的游戏素材；如果想要使幼儿变得更加开朗，那么教师就可以选择一些涉及语言表达以及合作交流的游戏活动，在这些活动中要充分体现趣味性；另外，教师也可以将两个游戏目的完全相反的游戏融入同一个游戏活动中。比如，腿部的锻炼和注意力的集中这两个不同的目标，可以将他们放在同一个游戏中，先以跑步的游戏，锻炼幼儿的腿部，再以算数等游戏方式让幼儿快速集中注意力。这样就实现了用一个游戏活动达成两项游戏目标的想法。因为幼儿园开展体育游戏重在发展幼儿的体力，所以教师要选取那些体力活动量大的游戏素材来进行创编，这些游戏素材要涉及各种体育动作，具体动作内容如下。

①竞技运动类动作，包括球类游戏中的接球动作、短跑和长跑运动中的起

步动作、游泳运动中的划水动作等。

②队列动作，如原地转向、齐步走、立定、起立等。

③发展幼儿身体基本活动能力的动作，如跑、跳、走、攀高、爬行、支撑、躲闪等。

④模仿性动作，如模仿大猩猩拍胸脯、模仿机械臂运动、模仿士兵冲锋等动作。

⑤其他动作，如杂技、舞蹈等艺术动作。

这些动作并不都可以直接作为游戏素材来使用中，可以直接使用的只是其中的一部分，另一部分动作还需要加工和改造后，才能当作幼儿园体育游戏的素材来使用。以上只是举了一些常见的例子，其实在实际生活和教学实践中，还有很多好的内容可以作为幼儿游戏的素材。

3.确定游戏的方法

教师在确定完游戏目标和选择完游戏素材之后，就要着手设计游戏，确定游戏应以哪种方法来开展。具体包括游戏如何准备，游戏应以哪种形式进行，以何种队形来安排幼儿，如何进行游戏接替等，下面将对这些内容进行逐一分析。

（1）游戏准备

游戏准备包括多方面内容，游戏准备的好坏可能直接影响到游戏开展的效果，它的分量不亚于游戏本身。教师要在开展幼儿园体育游戏活动之前进行充分的游戏准备，包括提前准备游戏中要使用的道具、游戏进行的场地、游戏的队伍划分方法等。在道具选择上，教师要选择安全、适合幼儿拿的；在场地选择方面，教师要按照开展游戏的实际需要确定场地的规格，并将这些内容用文字记录清楚，也可以配上图片，使表达更清晰。

（2）游戏形式

幼儿园体育游戏的游戏形式随着游戏目的和素材选择的不同而呈现出多种多样的形式，可以是奔跑、接力、投掷、追逐，也可以是探索、猜想等，不一而足。教师在选择游戏形式时，要把游戏活动的目的、素材等都考虑进去，使游戏形式与游戏目的、素材相适应。例如，要提高幼儿反应的灵敏度，教师可以采用追逐的形式进行游戏；要提高幼儿的思维活跃度，教师可以采用猜想的形式进行游戏等。

（3）游戏队形

游戏的队形是在游戏时对参与者进行的排列组合方式，游戏的队形可分为简单的横队和纵队，也可以分为较复杂的圆形、三角形、放射形、分散式等，当然还有很多根据实际需求编排设计的其他队形。队形与体育游戏存在较大的对应关系，不同的游戏要使用不同的队形来完成。下面介绍一下常见队形与体育游戏的关系。

①横队队形。横队队形让参与者呈横向排列，在传递抛接和集中注意力两类游戏中运用比较适宜，当横队队列组成面对面的两列时，便常用在攻防类游戏中。

②纵队队形。纵队队形通常用在接力和传递游戏中。

③圆形队形。圆形队形通常被用在追逐类游戏中，像人们熟知的"丢手绢"游戏就使用了这一队形。

④三角形队形。该队列适合在球类和三角对抗游戏中使用。

⑤放射形队形。该队列主要用在圆周形的游戏中。

⑥分散式队形。该队列在角力和追逐游戏中较为常见。

（4）游戏路线

游戏路线的安排在一些游戏类型中较多，比如接力类游戏，在一般情况下，教师都会提前给参与者讲解游戏中运动的路线。游戏路线不是一成不变的，它可以根据游戏的实际需要来规划，像来回式、穿梭式和围绕式都是较为常见的路线类型，具体阐述如下。

①来回式游戏路线

来回式游戏路线要求以幼儿完成一次往返为计数标准，当一个幼儿跑到折返点时，不停下继续往自己来的方向跑，一个幼儿跑完之后再让下一个幼儿完成同样的路线。来回式游戏路线可以多组同时进行。

②穿梭式游戏路线

穿梭式是将幼儿分成相同数量的两组，分别面对面站立，在游戏开始时，同时向对面对应位置的幼儿跑去，互相占据对方原先的位置。

③围绕式游戏路线

围绕式并不是所有参与者都围成一个圈，它指的路线是封闭的，像圆形路线、方形路线等，常见于接力游戏中。当游戏设计为围绕式路线时，幼儿将围绕一个封闭线路跑完一圈，并在起点处与下一名幼儿交接。

（5）游戏接替

游戏接替指的是在一些游戏中需要正在进行运动的幼儿与在自己前方等待的幼儿完成接替前和接替中所要做出的动作和信号，在接力类和追逐类游戏中最为常见。幼儿园体育游戏的接替方法主要有以下三种：

①交物法

交物是最明显的接替信号，它以物品的交换来完成游戏的接替，常见于接力游戏中。在该游戏中，当正在进行接力跑的幼儿将接力棒等物品传递给自己前方的幼儿时，前方幼儿也要随之跑动起来，并向后伸直手臂，以便队友把接力棒交到自己手中。当然，如果存在多名幼儿同时跑的情况，也可以由最后一名幼儿将物品传递给队伍最前面的一名幼儿，然后由该幼儿将物品向前传递给接替人。

②接触法

接触法与交物法运用的游戏场景相似，但接触法少了物品作为接替的媒介。接触法是直接依靠肢体接触来完成接替，一般有击掌、拍打身体两种方式。但这两种方式的在游戏中的使用场景还存在细微差别。如接力类游戏中，一般用击掌来进行接替；在追逐类游戏中，一般用拍打身体的任意部位来表示接替。

③过线法

过线法是指一名幼儿在跑步运动时，其他幼儿在起跑线外等待，当这名幼儿返回并通过起跑线后，下一名幼儿才可以开始奔跑。这类接替方法不需要参与者之间进行物品交换和身体接触，节省了一部分时间。而且，过线法要求两名幼儿在接替时充分把握时间机遇，要以最快的速度做出反应，这样才能以最快的速度出发，在比赛中超过其他幼儿，能有效训练幼儿的敏捷性。

4.制订游戏的规则

游戏方法是幼儿体育游戏的运行条件和框架，而游戏规则是游戏参与者共同遵守的条例和章程。游戏规则要被大多数人接受，就要在制订时充分体现出它的科学性。同时，好的游戏规则既能保证游戏的正常进行，又能为游戏最终结果的裁决提供依据。下面将从三个方面分析教师在设定游戏规则时应该注意哪些内容。

①明确界限。游戏中，幼儿的动作是合理还是犯规，最后的结果是成功还是失败，都应有一个明确的界限。一些游戏动作有多种做法，且做法不同，其难易程度也不同，所以教师在对幼儿园体育游戏进行创编时应该明确每一个游戏动作的做法。为此，在进行游戏活动之前，教师要反复验证游戏动作的合理性，对游戏的各种动作进行提前演示，确保做法的合理性。明确游戏中可以使游戏获得成功的做法以及会导致游戏失败的做法。这些都需要写进游戏规则中去，以便能够保障每个参与者的利益。此外，对于那些游戏动作难易程度不大的游戏，教师就不要对它们的动作合理性做过多的要求，最好鼓励幼儿自由发挥自己的想象力，天马行空地做出自己喜欢的动作，使自己能够在游戏中有更大的获胜机会。

②明确惩罚。在进行幼儿园体育游戏活动时，对于那些不遵守规则的参与者和队伍，要有相应的惩罚措施和办法。教师可以采取以下四种方法惩戒犯规的幼儿：

A. 取消犯规者或犯规队在游戏活动中所取得的成绩。例如，在接力类游戏中，幼儿虽然完成了接力，但出现了抢跑等犯规行为，那么该成绩应被取消。

B. 降低犯规者或犯规队的等级。例如，一些需要以积分来确定游戏最终胜负的游戏中，教师可以将存在犯规现象的队伍的分数进行相应的减除，降低他们的等级。

C. 降低犯规者或犯规队的名次。例如，在一些游戏活动中，如果幼儿在一开始就出现犯规现象，那么，教师可以将它们的名次往后面排，可以规定抢跑者或队的名次为最后一名，这样那些有抢跑想法的幼儿或队伍就会在比赛时更加注意。

D. 取消犯规者的比赛资格。例如，在一些具有对抗性与竞争性的体育游戏活动中，一些参赛者出现了比较严重的犯规行为，这时教师就可以取消他们的参赛资格。

③充分体现灵活性。教师在设定相应游戏规则时，不要过于循规蹈矩，留一些灵活变通的空间，这样可以更好地发挥幼儿在参赛时的积极性和灵活性。

5.确定游戏的名称

对于游戏来说，一个好的名称非常重要。下面列举两种命名的方法。

（1）直接命名法

直接命名法是根据游戏的形式、内容、规则以及场景来命名的。比如说，根据游戏的形式来直接命名的有"迎面颠球接力""剪刀石头布""手拉手带球走"等。根据游戏的内容来直接命名的有"夹球跳短绳""障碍赛跑""任意球射门赛""正反球门赛""多球门比赛"等。根据游戏的规则来命名的有"成双不拍"等。根据游戏的场景来命名的有"莲花运控球""守卫足球""招募球星""猴子运桃子""猎人打虎""逗猴""海豹戏球""田野追逐""火车穿山洞"等。①

（2）拟喻命名法

拟喻命名法是一种用带有象征意义的事物来对游戏进行命名的方法。以这种方法命名的游戏通常与它的名字所指的事物有某些方面的相似之处，以这种方法命名，更能显示出游戏的趣味来。如"黄河长江""推小车"等。

教师在为游戏命名时，还要注意以下内容：

①游戏的名称应简洁明了。游戏名称要尽量简短，在命名时，教师应避免使用一些生僻、难记、难懂的字词。以2～6个字为宜。

②游戏的名称要符合实际。教师为游戏命名时，要充分考虑名称与内容的契合度，名称要符合游戏内容的主要特征。如在使用拟喻命名法命名平衡木时，可以将其拟喻为"独木桥"，这是因为二者在形态结构上有一定的相似性。但不能将呈直线排列的几块木板以这个名字命名，因为二者在形态结构上有较大的差异性。

另外，教师在选择游戏名称时，最好选择那些具有褒义色彩的名字，尽量避免选择有贬义色彩的词语或成语。

6.提出游戏的建议

每一个游戏被设计出来，不光是设计者自己要知道怎么进行，还应该将进

---

① 张峰.知识·快乐·成长：校园足球教学指导［M］.长春：吉林大学出版社，2019：124-125.

行这种游戏活动的相关建议和注意事项记录在册，方便其他教师在进行此类游戏时借鉴和遵循。具体应该包括以下内容：

①说明游戏的适用范围、场地和器材等内容。

②注明游戏活动中可能出现的安全隐患和其他问题，并给出合理的处理建议。

③列出游戏的其他做法，给教师多样化的选择。

三、幼儿园体育游戏创编的注意事项

幼儿园体育游戏是以游戏为基本内容，并贯穿于幼儿在园一日的体育活动中，并不是成人运动中与体育技能学习无关的单独的体育游戏。因此，体育教师在创编幼儿园体育游戏时应根据幼儿特殊的身体素质和心理特点，着重把握以下六点内容：

（一）重视游戏过程中的安全问题

只有安全有很好的保证，幼儿才能沉浸在游戏的快乐里。因此，贯彻安全原则是创编体育游戏时教师应该着重关注的方面。因为幼儿的身体素质与学龄儿童的有本质的区别，注意力也不集中，如果不加以注意，体育游戏中很容易出现意外。为此，教师应该了解这个时期的幼儿的生理特点和心理特点，所编游戏应尽可能地控制活动范围，使幼儿安全得到保证，所选器械也应尽量做到轻量化和圆润，应选用一些幼儿容易操控的器械。

（二）关注游戏活动的锻炼价值

体育游戏最本质的特征就体现在它的锻炼性上，要实现锻炼的目的，教师就要根据参加体育游戏的幼儿年龄、性别和身体素质来确定运动负荷。幼儿阶段是幼儿各项身体能力快速发展的阶段，不宜将运动量和动作难度设定得太大，而且要适当降低对他们的各项要求。教师组织幼儿进行体育游戏活动的方式不止一种，要尽量创编人人都能参与的普适性活动。此外，游戏规则和方法要与游戏活动配套，简洁而直观，不要让活动参加者产生误解，避免造成时间上的浪费。也就是说，教师应根据幼儿的能力适当地安排游戏难度，有目的地训练幼儿，让他们身体的各项基本能力得到提升，从而实现提高幼儿的身体素质的锻炼作用。

（三）注重游戏活动的趣味

"用幼儿感兴趣的方式，发展幼儿的基本动作，提高幼儿动作的协调性和灵活性。"是《幼儿园教育指导纲要（试行）》中明确指出的。其中，趣味性是幼儿园体育游戏活动的本质特征之一，也是吸引幼儿的关键。幼儿园体育游戏要以个体为主体，充分体现个体的能力，尽量避免以比赛的形式进行体育游戏，教师要在游戏的动作和情节设计方面多花时间。强调动作设计的游戏应该在托班、小班开展，因为这一年龄段的幼儿比较爱模仿，像模仿操这类以基础动作练习为主的游戏很适合他们。而对象是中班和大班的幼儿的话，就需要更好地利用游戏的情节了，可以利用这一年龄段幼儿喜欢的动画片人物角色来进行游戏，并适当增加动作设计的数量和难度，以便更好地吸引幼儿的注意力。

（四）看重幼儿阶段的个性

幼儿园体育游戏作为一种有目的的教育活动，应该与幼儿的年龄、性别、心理和生理特征等方面的发展水平相适应，有目的地进行创编，实现预期的效果。通常，在进行幼儿园体育游戏的创编时，应尽量简化动作要求和降低运动量，让游戏有一定情节和想象力。对同一年龄段的不同幼儿个体来说，他们在发展水平上个体差别也比较明显。因此，为了达到锻炼幼儿的目的，在创编体育游戏时要合理区分不同发展水平的幼儿，使体育游戏与教材的内容和任务紧密联系。比如说，根据基本教材内容而创编的难度接近或较低的游戏，可以使幼儿通过学习和模仿学会基本的技术动作。

（五）注意与整堂课的协调

幼儿游戏活动的安排不能随意进行，它需要和课堂教学安排相适应，因此，教师创编的体育游戏活动要与课堂教学保持好节奏，协调游戏与课堂教学。与课堂内容相类似的体育游戏所使用的器材应与课堂教学中使用的器材尽量相同。例如，在上完折纸课后，教师可以将折纸作品作为奖励来开展游戏活动，以避免器材的浪费，同时也节省了课堂时间。另外，最好将游戏场地和课堂学习场地设置在同一个地方，达到减少场地更换，节约课堂时间的目的。并且，教师在课堂教学和游戏活动上的时间分配也要合理，不能颠倒主次。

（六）讲究与其他教学的融合

游戏的功能是多样的，它既可以被看作教学手段，又可以被看作是一种教材，因此，教师将游戏与教学相结合显得十分合理。教师要在符合教育规律的前提下大胆地尝试，不断地创新，在趣味性强、灵活多样的游戏中培养学生的综合素质和能力。例如，在一些考核课程中引入情景类游戏，安排几名成绩较好的幼儿作裁判，让他们考核其他幼儿，教师则作为教练员为幼儿提供适当的指导，参加完考核的幼儿可以作为观众为其他正在参加考核的幼儿加油打气，这样做让每个幼儿都能参与其中，且能营造出轻松愉快的课堂气氛。这种将游戏活动引入考核课程的做法，对缓解幼儿的紧张情绪、充分发挥幼儿的潜力很有帮助。①

第二节　幼儿园体育游戏优秀案例

我国幼儿园体育游戏经过各研究学者、教育工作者长时期的探索取得了不少成就，尤其是一些优秀案例的出现，更增强了我国进一步发展幼儿园体育教育的信心。下面以七种不同类型的体育游戏为线索对部分案例进行展示。

一、报纸游戏

（一）小小 NBA

游戏目的：让幼儿的下肢跳跃与爆发能力、手眼协调能力和荣誉感得到培养。

① 王世龙. 幼儿体育游戏创新技法及其实现路径 [M]. 北京：北京工业大学出版社，2020：35.

适合年龄：3～5岁以上。

游戏时间：10分钟以上。

游戏人数：多人。

准备材料：一个篮球架、若干个用报纸做的纸球。

游戏过程：

①将幼儿排成一队。

②整理好队伍后，在距离首名幼儿0.5～2米的对面放一个篮球架。

③教师下达投篮指令，幼儿用手举起纸球跳起来，将球投入篮筐。

④看哪一名幼儿跳得又高又远，投得又快又准。

⑤反复操作，教师可根据幼儿的年龄与熟悉程度适度调整篮筐与首名幼儿之间的距离。

注意事项：

①场地要宽敞、平整。

②教师要检查幼儿服装是否合适，鞋带是否系好。

（二）抛彩球

游戏目的：培养幼儿的眼手协调能力和他们对距离的判断能力。

适合年龄：4岁以上。

游戏时间：5～10分钟。

游戏人数：多人。

准备材料：一筐报纸做的彩球、红色和蓝色小筐各一个、粉笔。

游戏过程：

①用粉笔在操场上画一个直径为2～3米的圆圈。

②将两个颜色的筐放在圆圈的中央。

③把幼儿分成红、蓝两队，并让他们分别站在圆圈外。

④教师下达指令，红、蓝两队的幼儿把彩球用左、右单手或双手抛向各自那一队的筐里。

⑤教师可适时地调整圆圈的大小。

⑥游戏结束后，数一数哪一队筐里的球多。

注意事项：

①场地要平整、宽敞。

②在游戏时幼儿不能超出线。

③在捡回彩球的过程中注意幼儿的安全。

（三）小兔搬家

游戏目的：培养孩子身体的协调能力和跳跃能力。

适合年龄：4～5岁以上。

游戏时间：10分钟以上。

游戏人数：多人。

准备材料：若干个报纸做的彩球、两个或多个小筐。

游戏过程：

①将幼儿分成两组或多组，并让他们排好队。

②在距离幼儿6～10米的对面放两个或多个小筐。

③教师下达指令，幼儿用双脚夹彩球扮演小兔跳向对面的新家，把彩球放进小筐里。

④跳到新家的幼儿就在各自组的小筐后排好队。

⑤看哪一组的幼儿先搬完家（每一组的幼儿全都把球夹着跳过去）。

⑥反复操作，教师可适时调整小筐距离。

注意事项：

①场地要平整、宽敞。

②教师要检查幼儿的服装是否合适，鞋带是否系好。

（四）过小桥

游戏目的：培养孩子的平衡能力。

适合年龄：4～5岁以上。

游戏时间：10分钟以上。

游戏人数：多人。

准备材料：折成6～7厘米宽的报纸。

游戏过程：

①将幼儿分成四个小组或多组。

②让幼儿排好队后，在幼儿前方放上"独木桥"

③教师下达指令，幼儿踩着"独木桥"过河，并走到对面（过河时，脚不能离开"小桥"）。

④走到对面的幼儿就在各自组的"小桥"后面排好队。

⑤看哪一组幼儿最先过完"桥"。

⑥反复操作，教师可适当增加难度。

注意事项：

①场地要平整、宽敞。

②教师要注意幼儿的鞋带是否系好。

（五）孙悟空打蟠桃

游戏目的：培养幼儿双脚并腿向上跳的动作技能；培养小组合作的能力。

适合年龄：4～6岁。

游戏时间：15～20分钟。

游戏人数：单人、小组、多人都可以。

准备材料：每人一根报纸棒、若干吊球。

游戏过程：

①幼儿扮演"孙悟空"，手拿"金箍棒"（报纸棒），站成四组。

②四组同时进行比赛，幼儿从起点跑到距离10米处打下"蟠桃"（此处要求幼儿双脚并拢向上跳）。

③"桃子"落下后，该幼儿原路返回，将"金箍棒"交给下一名幼儿。

④游戏依次进行，教师可适当增加"蟠桃"的高度或改变幼儿前进时的方式，以增加游戏难度。

注意事项：

①游戏进行时，在起点线等待的幼儿得到上一名幼儿交棒之后，才能跑出完成动作。

②教师须根据幼儿的身高情况，调整"蟠桃"的高度，使幼儿能跳跃起打中"蟠桃"。

二、竹竿游戏

（一）滚滚翻

游戏目的：培养幼儿手眼协调的能力，帮助幼儿学会控制方向；培养幼儿的合作能力。

适合年龄：4岁以上。

游戏时间：10分钟以上。

游戏人数：多人，且2人一组。

准备材料：一人一支约30厘米长的塑料水管。

游戏过程：

①幼儿双手拿塑料水管，面对面站好。

②游戏开始，幼儿一边同时左右摆动竹竿，一边念儿歌"好朋友，摆摆手，大家一起翻筋斗"。

③当念到"斗"的时候，两名幼儿同时将竹竿举过头顶，并向一个方向翻转。

④翻转过后继续念儿歌游戏。

⑤可以在地上增加软垫，让两名幼儿在软垫上一起向前翻滚。

注意事项：

①用布或胶带将塑料水管的两侧包起来，以避免在操作时刮伤幼儿的手。

②在游戏过程中各组间要留有充分的距离以免发生碰撞。

（二）竹竿舞

游戏目的：培养幼儿的身体协调能力和反应能力；培养幼儿的团结性，增强幼儿之间的感情。

适合年龄：4～6岁。

游戏时间：10分钟以上。

游戏人数：3人及以上。

准备材料：2～4支1米长的竹竿、手工贴纸（蓝、红两色）。

游戏过程：

①两名幼儿拿竹竿两头红色贴纸部分。

②一名幼儿站在中间，双脚并拢站在两根竹竿中间。

③拿竹竿的两名幼儿同时说并拢、打开，中间幼儿便跟随竹竿并拢、分开（双脚并拢往里跳或双脚分开，两脚在竹竿之间）。

④随着幼儿熟练程度的递增，可以把几组幼儿合在一起完成。

注意事项：

①检查场地是否有安全隐患。

②注意幼儿跳与手臂的动作。

③注意排除推、拉、挤的现象。

（三）上山下海

游戏目的：培养幼儿的弹跳能力和爬的能力；培养幼儿的团结性，增强幼儿之间的感情。

适合年龄：4～6岁。

游戏时间：10分钟以上。

游戏人数：若干。

准备材料：1米的竹竿、纸箱子、包装纸。

游戏过程：

①教师把用纸箱与竹竿搭建的跳栏依次从矮到高摆好。摆放时应注意跳栏的距离保持在70～100厘米。

②幼儿有序排成2～4组，依次从矮的一组双脚并拢往前跳。

③一名幼儿跳完后迅速从旁边跑回来与下一名幼儿击掌。

④幼儿从老师摆好的跳栏处爬过去，并从旁边跑回来与下一名幼儿击掌。

⑤当幼儿都熟悉跳与爬的动作之后，教师可让幼儿以跳一个、爬一个的方式继续进行游戏。

注意事项：

①检查场地是否有安全隐患。

②注意幼儿双脚跳、爬、跑的动作。

③如果在操作过程中箱子上的竹竿掉下来了，教师可让幼儿自行捡起并放

到箱子上面。

（四）勇敢向前

游戏目的：培养幼儿攀登、走、跳等基本动作，提高协调性与灵活性；帮助幼儿学会分工与合作，培养其勇于尝试的精神和树立其初步的竞争意识。

适合年龄：4～6岁。

游戏时间：10分钟以上。

游戏人数：多人。

准备材料：24个竹梯、48个轮胎。

游戏过程：

①教师将竹梯平放在地上。

②让幼儿走在平放地上的竹梯两侧或横挡之间，并且不能踩到竹梯。待幼儿熟悉走的方式之后，也可以用跑或双脚跳的方式通过。

③可将平放在地上的竹梯立起来，两侧由教师或幼儿扶着，让幼儿从横挡间的空隙钻过去。

④可适时地将轮胎放到竹梯的两侧，将竹梯垫高以增加游戏的难度。

注意事项：

①检查场地是否有安全隐患。

②注意幼儿在竹梯上通过时的动作。

（五）推推乐

游戏目的：培养幼儿的方向感与手眼协调能力。

适合年龄：3岁以上。

游戏时间：10分钟以上。

游戏人数：多人。

准备材料：竹竿、牛奶罐或奶粉罐。

游戏过程：

①将幼儿分成4～6组，每组发一根竹竿和一个罐子，并在距离幼儿7～10米处设置折返点。

②幼儿听到"开始"口令后，用手上的竹竿推地上的罐子向前，并注意控

制罐子前进的方向。

③到折返点后，幼儿将地上的罐子拿起，跑回起点，将竹竿与罐子交给下一名幼儿继续游戏。

④教师也可以将其他多余的竹竿与罐子散放在地上以制造障碍，让幼儿在推罐子前进时要避开这些障碍物，以增加游戏的难度。

注意事项：

①游戏前要检查场地是否平整。

②游戏进行时要注意不能让幼儿乱挥竹竿。

三、橡皮筋游戏

（一）我是大力士

游戏目的：培养幼儿上肢的力量。

适合年龄：3～5岁以上。游戏时间：5～10分钟。

游戏人数：多人。

准备材料：1米左右的橡皮筋、若干废旧的塑料饮料瓶。

游戏过程：

①将橡皮筋分别套在两个瓶子的中间。

②幼儿手握住饮料瓶的中间，双手合拢放在胸前。

③幼儿可以用双手向左右、上下或斜方向拉动橡皮筋。

④根据幼儿对游戏的熟练程度，教师可以让幼儿用脚踩住一边的饮料瓶固定于脚下，用双手或单手上下拉动橡皮筋。

注意事项：

①橡皮筋与瓶子之间要固定好。

②幼儿之间站的距离隔开一些。

③引导幼儿用手拉的时候注意不要拉得太长，以免被橡皮筋弹伤。

（二）穿越火线

游戏目的：培养幼儿的全身协调性、敏捷性。

适合年龄：3～5岁。

游戏时间：5～10分钟。

游戏人数：两人以上。

准备材料：数条橡皮筋。

游戏过程：

①两位教师先将橡皮筋套在脚上膝盖的位置。

②让幼儿从出发点走向橡皮筋，也可以让幼儿以跨、跳、爬等方式通过。

③在一根橡皮筋的基础上逐次增加橡皮筋的数量，橡皮筋高低交叉并固定好，让幼儿以跨、跳、爬等方式通过。

④以两名幼儿为一组，采用分组竞赛的方式进行。

注意事项：

①固定橡皮筋时不能将橡皮筋拉得太紧。

②让幼儿以跨、跳等方式通过时要注意橡皮筋的高度。

（三）我是小灰灰

游戏目的：培养幼儿的灵敏性与协作能力。

适合年龄：4～5岁。

游戏时间：25～30分钟。

游戏人数：15人一组，分成若干组。

准备材料：1～2米橡皮筋、用粉笔画出一定的范围作为草原。

游戏过程：

①两名幼儿各拉着橡皮筋的一头作为小灰灰的武器。

②小羊们边唱儿歌边跟着小灰灰向前行走。小羊们问一次时间，小灰灰就回答一次（小羊们：老狼老狼几点钟。小灰灰：一点钟。小羊们：老狼老狼几点钟。小灰灰：两点钟……）。

③当小羊们听到"六点钟"时，小灰灰就开始反身扑向小羊，并用手中的橡皮筋把小羊们包裹在中间。

④橡皮筋把谁圈在里面谁就是被擒者，被擒的幼儿离开游戏场地休息，在场地的边上等待下一次游戏的开始。

⑤反复进行游戏，同时提醒幼儿遵守游戏规则。教师也可以根据幼儿掌握

游戏的情况，适当增加小灰灰的数量。

注意事项：

①幼儿要在指定的草原范围内跑。

②教师要注意幼儿奔跑时的安全问题。

（四）小汽车，滴滴滴

游戏目的：培养幼儿连续环绕前进跳的能力。

适合年龄：5～6岁。

游戏时间：25～30分钟。

游戏人数：9人一组，分组进行。

准备材料：1～2米的橡皮筋。

游戏过程：

①三个幼儿扮作"电线杆"站在一条橡皮筋内，把橡皮筋放在自己的脚踝处，并同时往后退把橡皮筋绷成一个三角形。

②其余幼儿站成一个纵队，边唱儿歌边依次连续用走、跑、跳等方式进入或离开橡皮筋，进入橡皮筋内向前进，绕过第一个"电线杆"后，出来到橡皮筋外，然后绕过第二个"电线杆"后再进入橡皮筋内，继续向前进，再绕过第三个"电线杆"后绕出橡皮筋。（儿歌《小汽车》：小汽车，滴滴滴，马兰开花二十一，二五六，二五七，二八二九，三十一。）

③幼儿要边唱儿歌边进行，每唱一句做一次动作，并且要在唱最后一句"三十一"时绕完三根"电线杆"，否则即为输，输者做"电线杆"。

④每次只能有1～2名幼儿进入橡皮筋内跳跃，因此可以多个橡皮筋游戏同时开展。

注意事项：

①要注意橡皮筋的高度。

②扮演"电线杆"的幼儿的手不能随便碰触参与活动的幼儿。

（五）小小猎人

游戏目的：培养幼儿的躲闪能力和手脚协调能力。

适合年龄：5～6岁。

游戏时间：10～20分钟。

游戏人数：5人以上。

准备材料：每组一根橡皮筋、若干纸球、一个大框。

游戏过程：

①将橡皮筋两端固定，做成简易弹弓，将纸球放进大框里。

②根据场地情况，多名幼儿为一组，一名幼儿当猎手，其余幼儿当猎物。

③猎物距离大弹弓3～5米远。

④猎手将纸球放在弹弓上。听到"开始"口令，猎手将纸球弹出，开始打猎。

⑤猎物要躲闪猎人打过来的纸球，被纸球打中的猎物将被判出局，等待下次游戏的机会。

⑥可角色互换，或者设置多名猎手，围成一个圈，猎物在周围散开，但要在固定范围内逃跑。

注意事项：

①橡皮筋必须固定稳，不能松掉。

②注意幼儿在游戏过程中的安全。

四、塑料瓶游戏

（一）扔"手榴弹"

游戏目的：培养幼儿投掷的运动技能，发展其身体与动作的协调性、灵活性。

适合年龄：4～5岁以上。

游戏时间：25分钟。

游戏人数：30人。

准备材料：35个塑料瓶、8个篮筐。

游戏过程：

①幼儿在空旷的场地上呈一条直线排开。

②每名幼儿右手持塑料瓶在原地站立。

③幼儿左脚向前跨一步，右手持瓶向后方举起成投掷姿势。

④当听到"开始"口令时，幼儿用力向前投掷塑料瓶，听到"收瓶"口令后，幼儿才能向前捡起投掷过的塑料瓶。

⑤当所有幼儿熟悉投掷和捡起塑料瓶的动作后，教师将幼儿分成6组各站一列，每组前方2～4米处放置1个篮筐。

⑥当听到"开始"口令时，每组排头幼儿将右手持的塑料瓶投掷进篮筐内，然后回到队伍最后位置排好，下一名幼儿准备投掷。待每组每名幼儿投掷完后，教师发出"收瓶"口令，幼儿依次捡起篮筐内塑料瓶返回线上，准备下轮游戏。

注意事项：

①选择空旷的活动场地，活动前检查好器材是否安全无害、无脱落。

②活动中注意提醒幼儿不可对着人投掷。

（二）绕跑道

游戏目的：培养幼儿的速度与敏捷性。

适合年龄：4～6岁。

游戏时间：15～20分钟。

游戏人数：30人。

准备材料：若干塑料瓶。

游戏过程：

①场地为两条赛道，每条赛道上放置5个塑料瓶，间距为2米。

②幼儿分成2～6组，各自站在赛道起点。

③当听到"开始"口令时，每组排头幼儿跑出起点，绕过每个瓶子，然后沿原路返回到队伍最后排好，下一个幼儿继续跑。

④教师可适时增加塑料瓶的数量或者加大、缩小各塑料瓶之间的距离，以增加游戏的难度。

注意事项：

①场地最好设置在宽阔的地方，注意地面是否有尖锐的物品。

②提醒幼儿跑的时候要看清前面的障碍物。

（三）打保龄球

游戏目的：引导幼儿一物多玩，培养并提高幼儿动作的协调性、准确性。

适合年龄：5 岁以上。

游戏时间：10 分钟以上。

游戏人数：多人。

准备材料：若干个装有沙子的大、中、小塑料瓶、数个皮球。

游戏过程：

①将装有沙子的塑料瓶摆成一排，离投掷线 3 ~ 8 米的距离放整齐。

②将幼儿分成 2 ~ 4 组。

③轮到操作组的每名幼儿拿一个球，幼儿将手中的皮球向瓶子滚过去，并由教师数每组幼儿所打倒的塑料瓶数量。

④每组打完后捡回扔出的球，并将塑料瓶扶正摆好，将球交给下一组幼儿继续游戏，一轮后打倒瓶子数量多的一组获胜。

注意事项：

①每名幼儿每次不管打没打中瓶子都只能打一次。

②瓶子里的沙子不能装得太多。

（四）我是小挑夫

游戏目的：培养幼儿的平衡力和负重能力。

适合年龄：3 岁以上。

游戏时间：15 ~ 20 分钟

游戏人数：9 ~ 10 人一组，分成四组。

准备材料：4 根 1 米长的 PVC 管、2 个装有一半水的大饮料瓶、2 条 30 厘米长的丝带、2 张椅子。

游戏过程：

①教师把 2 条 30 厘米长的丝带的一头分别绑在两个装有一半水的大饮料瓶的瓶颈上，再把丝带的另一头分别绑在 1 米长的 PVC 管的两端，组成一幅"挑挑乐"。

②教师把每组的两张椅子分别放到起点和终点，起点和终点之间的距离是

5～8米。

③教师说"开始"的时候，每组的第一个幼儿把"挑挑乐"放在肩上，两手扶稳两端，向着终点慢跑过去，跑到终点的椅子后，马上往回跑。

④跑回起点后把"挑挑乐"交给下一个幼儿，然后去后面排队休息。

注意事项：

①要提醒幼儿在慢跑时注意不要摔跤。

②要提醒幼儿回来时不要撞倒其他幼儿。

（五）高尔夫

游戏目的：锻炼幼儿的手臂力量和身体的协调性。

适合年龄：3岁以上。

游戏时间：15～20分钟。

游戏人数：8人一组，分成五组。

准备材料：每组一根90厘米长的PVC管、一个小饮料瓶，一人一个报纸做的纸球、两张椅子。

游戏过程：

①把90厘米长的PVC管装在饮料瓶上，用透明胶将其固定。

②把每组的两张椅子分别放到起点和终点，起点和终点之间的距离是3～5米。

③教师说完"开始"的时候，每组的第一个幼儿握住球杆用力地挥动，把球打出去。

④将球打过前方的椅子后，幼儿随即将纸球捡起来，跑回起点，将球杆交给下一名幼儿，接到球杆的幼儿继续游戏。

⑤操作完的幼儿把球杆交给下一个幼儿之后，就到队伍后面排队休息。

注意事项：

①注意打球时要向对面椅子的方向打。

②挥动球杆的幼儿要离后面排队的幼儿间隔一段距离。

五、毛线绳游戏

（一）过大桥

游戏目的：让幼儿的腿脚灵活性和团队协调能力得到培养。

适合年龄：5 岁左右。

游戏时间：15 分钟。

游戏人数：多人。

准备材料：粗毛线。

游戏过程：

①用长 2 米的两根毛线和 0.5 米长的四根毛线拼成梯状，梯与梯之间的距离约 0.4 米。

②请 4 名幼儿当扶梯人，一人拿住毛线梯的一个线头，5 名幼儿为一组，可用走、爬、跳、钻等方式进行游戏。

③在游戏中，可依次递增幼儿人数与梯子的高度。

注意事项：

①毛线一定要选择粗且不易断的。

②负责扶梯的幼儿一定要负责固定好毛线之间的距离，不能乱动。

（二）开火车

游戏目的：让幼儿的团队合作意识，动作的灵敏性和协调性，以及肌肉力量得到培养。

适合年龄：3 岁以上。

游戏时间：15 分钟。

游戏人数：2 人或多人。

准备材料：若干粗毛线圈、障碍物。

游戏过程：

①在室外场地上画上 5 条 10 米长的白线，并在白线上放上若干障碍物（板凳）。

②两名幼儿共享一个毛线圈。

③将毛线圈套在一名幼儿的腰上当作火车头，另一名幼儿在后面用双手抓住毛线圈，变成一列小火车自由地走线，但是不能碰到路上的障碍物。

④在游戏中，可逐渐加快火车前进的速度，并依次递增幼儿的人数。

⑤多人游戏时，幼儿先自由走步，听教师口令，更换火车头的幼儿，或指定行进的方向。

注意事项：

①毛线圈一定要结实。

②活动中注意并排除幼儿推挤的现象。

（三）谁的力气大

游戏目的：培养幼儿的身体协调性与合作性。

适合年龄：4～6岁。

游戏时间：1～2分钟。

游戏人数：2～4人。

准备材料：粗绳、若干瓶子。

游戏过程：

①将一条长3米左右、粗30厘米的绳子打上死结，形成一个绳圈。

②让幼儿进入绳圈内，将绳子套在腰上，将瓶子放在距离幼儿1米左右的地方。

③两名幼儿自由选择方向站好，听到教师的"开始"口令之后，两名幼儿分别向相反方向走，看谁能拿到的瓶子比较多。

④也可3人或4人进行比赛，在离幼儿1米左右的位置各放一个瓶子。谁先拿到瓶子，谁就是获胜者。

注意事项：

①活动前要先检查活动场地是否安全。

②幼儿进行游戏时，教师要注意绳子不能离开幼儿的腰。

③绳子一定要选择粗的而不能用细的。

（四）飞翔的毽子

游戏目的：培养幼儿眼、脚的协调性和上肢的稳定性。

适合年龄：4～6 岁。

游戏时间：10～15 分钟。

游戏人数：多人。

准备材料：粗毛线、毽子。

游戏过程：

①将一条 80 厘米或 1 米的粗毛线拴在毽子上。

②幼儿用单手提粗毛线，用脚踢粗毛线上的毽子，注意提毽子的手尽量不要摇晃。

③幼儿可先练习用右脚或左脚来踢，在动作较为熟悉之后，可用左、右脚交换来踢。

④也可以采用双人游戏的方式，一名幼儿提粗毛线，另一名幼儿来踢粗毛线上的毽子。

注意事项：

①幼儿手提粗毛线时不能提得过高。

②在踢时不宜过快，要看谁踢得准。

③在玩游戏时要注意幼儿之间的距离。

（五）保护小球

游戏目的：培养幼儿的身体平衡能力和手眼协调能力。

适合年龄：5 岁以上。

游戏时间：10 分钟以上。

游戏人数：2 人一组或多人一组。

准备材料：每组 2 个毛线球、2 个 A4 硬纸板、2 个障碍物。

游戏过程：

①将幼儿分成 2～4 组，在起点呈一字形排队。

②幼儿将毛线球放在纸板上方，双手端平等待口令。

③口令下达后，幼儿双手端平，控制身体平衡，在毛线球不掉的情况下前

行至折返点。

④起点与折返点距离 5 ～ 10 米，教师可在路程当中放置各种障碍物。

⑤幼儿绕过障碍物返回起点处，换下一名幼儿出发。

⑥可适时调整距离，并增加路途中间的障碍物，也可由一人单独操作变成两人或多人操作。

注意事项：

①在活动开始前清理场地，排除危险物品及安全隐患。

②操作前教师一定要先讲清楚游戏规则，并提醒幼儿不要用纸板挡住前方路线。

③操作中要注意防止幼儿摔跤。

六、麻布袋游戏

（一）毛毛虫爬爬爬

游戏目的：培养幼儿快速爬与手脚协调能力。

适合年龄：3 ～ 6 岁。

游戏时间：15 分钟以上。

游戏人数：多人。

准备材料：若干米袋、6 把椅子。

游戏过程：

①将幼儿分成 4 ～ 6 组。

②各组第一名幼儿间隔 1 米，站在米袋旁边做预备姿势。听到教师的口令后下半身立即钻进米袋，趴在地上成一横排。

③在每个幼儿对面 5 米处用一张椅子作为终点。

④幼儿以毛毛虫形式手脚屈伸往前爬。

⑤幼儿到达终点后，从米袋里出来，并拿着米袋跑回起点，然后把米袋交给下一名幼儿，继续游戏。

⑥可适时调整起点与终点之间的距离。

注意事项：

①注意幼儿的手脚协调性。

②注意不能让幼儿爬到其他人的道上，以免碰撞。

（二）好朋友在哪里

游戏目的：培养幼儿的感官能力与平衡力。

适合年龄：4～6岁。

游戏时间：10～30分钟。

游戏人数：全班幼儿。

准备材料：布袋1个。

游戏过程：

①全班幼儿围成一个大圈，请一名幼儿站在圈中间。

②用布袋将站在中间的幼儿的整个头都套住。

③被布袋套住头的幼儿站在圆圈中间大声说一个幼儿的名字，被叫名字的那名幼儿就大声重复数次："我在这里！"

④所有的幼儿站在原地不动，被套住头的幼儿就循着"我在这里"的声音去找发出声音的幼儿。

⑤幼儿被摸到后互换角色。

⑥大班幼儿玩的话，还可以请另一个幼儿将被套住头的幼儿转三圈后再让他去找发声的幼儿，以增加难度。

注意事项：

①被找的幼儿可以不时地发出声响提示方位。

②在没有找到发声的幼儿前，幼儿不可将套在头上的布袋取下。

（三）网小鱼

游戏目的：培养幼儿动作的灵敏性和反应能力。

适合年龄：3～5岁。

游戏时间：10分钟以上。

游戏人数：全体幼儿。

准备材料：口袋、音乐。

游戏过程：

①把口袋对折两次，做成一个渔网。

②听到口令"游戏开始"，教师播放音乐。

③扮鱼儿的幼儿低头弯腰快速地从渔网下部通过。

④扮渔网的两名幼儿听到音乐停止后，赶紧把渔网放下，捉住没来得及通过的幼儿。

⑤被网住的幼儿与当渔网的幼儿互换角色，没有被捉到的鱼儿继续参加游戏。

⑥可适当地增加渔网的数量。

注意事项：

①在活动开始时避免幼儿之间的推挤行为。

②注意幼儿的运动量。

（四）小蚂蚁运粮食

游戏目的：培养幼儿练习手膝着地爬，发展动作的协调能力。

适合年龄：24 岁。

游戏时间：5 ～ 10 分钟。

游戏人数：每次每组一人进行，可分成 4 ～ 6 组来进行。

准备材料：米袋、沙包、音乐。

游戏过程：

①将 6 ～ 8 个米袋平铺在地上，呈一条水平线。

②将幼儿分为 4 ～ 6 组开展游戏。

③听到"开始"口令后，每组第一名幼儿手膝着地往前爬，教师将沙包放在幼儿的背上。幼儿爬到折返点后，将沙包拿着跑回来，并将沙包交给下一个幼儿，自己到队尾排队。

④前一名幼儿到达折返点，后一名幼儿出发。

⑤可以改为两名幼儿并肩一起运沙包进行游戏。

注意事项：

①幼儿在爬行时不能用手摸背上的沙包。

②在爬行时，教师要注意幼儿前进的方向，不要让幼儿爬出米袋。

③注意幼儿的运动量，不宜让他们爬得过久。

（五）小牛拉车

游戏目的：培养孩子的上肢肌力。

适合年龄：5 岁左右。

游戏时间：10 分钟。

游戏人数：多人。

准备材料：若干麻袋。

游戏方式：

①将幼儿分为 3 组，每组 2～3 人。

②一名幼儿坐在麻袋上双手抓住麻袋两侧，两名幼儿站在麻袋前面拉着麻袋向前进。

③在起点前 5～8 米处放一张椅子作为折返点。

④听到"开始"口令后，幼儿就出发。

⑤到达折返点之后，随即换一名幼儿坐在麻袋上面，再由另外两名幼儿将他拉回起点，如此待同组的 3 名幼儿都操作完之后，3 人协力一起将麻袋交给下一组幼儿操作。

注意事项：

①坐在麻袋上的幼儿应注意保持身体平衡。

②拉麻袋的幼儿应注意不要摔跤、绊倒。

七、椅子游戏

（一）高高低低

游戏目的：培养幼儿的下肢力量，并提高身体的协调性。

适合年龄：4 岁以上。

游戏时间：10 分钟内。

游戏人数：1 人以上。

准备材料：若干小椅子。

游戏过程：

①每组前面排 6～8 张小椅子，椅背向右。

②游戏开始，幼儿向前抬腿走至椅子旁边时，左脚踩在椅子的左侧，右脚踏在椅子坐的平面上，用右脚的力量将身体向上升。

③右脚将身体提伸到最高点时，左脚顺势向前并先着地，右脚后着地，依上述要领继续前进。

④教师可以让幼儿换成左脚踩在椅子上面，左、右脚操作方式依照上述方式反方向操作。

注意事项：

①提醒幼儿放慢游戏速度。

②游戏中控制好幼儿之间的距离。

（二）刘翔跨栏

游戏目的：培养幼儿动作的协调性和灵敏性。

适合年龄：4 岁以上。

游戏时间：10 分钟内。

游戏人数：1 人以上。

准备材料：若干小椅子、若干彩带。

游戏过程：

①每一组前面排 6 ～ 8 张小椅子，椅背朝右。

②游戏开始，幼儿向前抬腿至椅子一旁，左脚踩在椅子右边单腿支撑，右脚抬高单腿跨越椅子，完成单次动作。

③依上述要领继续前进。教师也可以将椅背朝左，让幼儿以左脚跨越。

注意事项：

①游戏中控制好两个幼儿之间的距离。

②提醒幼儿放慢速度，防止摔倒。

（三）过小山

游戏目的：培养幼儿正确抬腿走的方式与平衡感，并增强幼儿勇于冒险的精神。

适合年龄：4 岁以上。

游戏时间：10 分钟内。

游戏人数：1 人以上。

准备材料：若干小椅子。

游戏过程：

①将小椅子两个一组背靠背放好，形成"小山"，每组小山之间有一定距离。

②游戏开始，幼儿双脚立于小椅子上，左脚单腿支撑身体，以右脚抬高跨过椅背组成的小山，完成单次动作。

③教师也可依照上述要领，让幼儿以左脚跨过椅背。

④在熟悉左、右脚的要领之后，教师可让幼儿以左、右脚轮流的方式跨越椅背通过。

注意事项：

①游戏中控制好两个幼儿之间的距离。

②游戏的节奏不宜过快。

（四）桂河大桥

游戏目的：培养幼儿的眼脚协调能力与平衡感，并增强勇于冒险的精神。

适合年龄：4 岁以上。

游戏时间：10 分钟内。

游戏人数：1 人以上。

准备材料：若干小椅子。

游戏过程：

①每组前面放 8～10 张小椅子，每两张小椅子相对摆放，并让每张小椅子之间有一定的间隔距离。

②游戏开始，幼儿双脚立于第一张小椅子上，以左脚或右脚跨到另一张小椅子上，完成单次动作。

③教师也可依照幼儿的年龄与熟悉度适当地加大小椅子之间的间隔距离。

注意事项：

①游戏中控制好两个幼儿之间的距离。

②游戏的节奏不宜过快。

结束语　陈鹤琴的幼儿园体育教育思想及其对幼儿园体育教学的影响

少年是一个国家兴盛发展的希望，陈鹤琴作为我国著名的幼儿教育学家，将自己的一生奉献给了幼儿教育事业。陈鹤琴幼儿园体育教育思想为正确开展幼儿园体育教育做出了指引，对当今的幼儿园体育教学产生了重要的影响。

一、陈鹤琴的幼儿园体育教育思想

（一）一切为了幼儿

陈鹤琴的内心充满了对幼儿的爱，他呼吁一切为了幼儿。在他的体育教学中，他主张要让幼儿多参与，多实践，凡是幼儿自己能够参与进来的活动，就鼓励、带领他们大胆地去尝试，通过这些活动突出幼儿的主体意识，帮助幼儿实现身心的全面发展。他还主张教育不要局限在校园内，要与自然和社会相融合，让幼儿在户外活动和游戏中获得知识与实践体验，让幼儿真正拥有快乐的体验感。

（二）幼儿健康是开展体育教育的核心

陈鹤琴在长期的幼儿实践教学中发现，若是一个幼儿的身体情况不好，那么学习上也常出现问题。与身体健康的孩子相比，身体不健康的孩子更容易发脾气，不听老师的教诲。身体健康的孩子在思维上更加敏捷，在学业上的表现也明显优于不健康的孩子。因此，他潜心研究儿童的健康问题，发现儿童的健康问题与儿童的智力、行为等方面密切相关。要培养一个优秀的孩子，最基础也是最重要的部分就是要保证孩子的健康。陈鹤琴呼吁所有幼儿教育工作者，在教学中要给予幼儿园体育教育应有的重视，尤其要关注孩子的身体健康情况，要将幼儿健康看作是幼儿园体育教育的核心内容。

（三）多运用游戏开展幼儿园体育教育

任何一个幼儿都喜爱游戏，这是幼儿的天性和本能。许多西方国家就是运用幼儿喜爱游戏这一特点来开展教育，培养合格、优秀的公民的。陈鹤琴认识到了这一关键问题，充分肯定了游戏的重要教育价值，并在幼儿园体育教育思想中揭示了幼儿喜爱游戏的特点。针对游戏对儿童的重要性，他提出"游戏就是儿童的生命"[①]这一观点。更为可贵的是，陈鹤琴不单单是在思想上重视游戏，更是将这一观点付诸实践。同时，他也提倡国内的幼儿园体育教育要尽量多地与各类游戏相结合，满足幼儿的天性，让幼儿在快乐中学习。

二、陈鹤琴的幼儿园体育教育思想对幼儿园体育教学的影响

（一）幼儿园体育教育要重视幼儿的身心健康

"改变中国人的体质、解救中国儿童的身心健康是件大事！"[②]这是陈鹤琴曾经提出过的口号，并且适用于现在的幼儿园体育教育。

如今，幼儿园体育教育改革，素质教育不断发展。幼儿园的体育教学更应当将保障幼儿的身心健康发展放在重要位置，要促进幼儿外在和内在的全面发展。幼儿园在开展教学活动时，要注重开展丰富多样的教学活动和游戏来帮助幼儿养成爱运动的好习惯，并让他们在其中学会与人交往，培养美好的意志品质。

（二）体育活动要将幼儿当作出发点

自从 20 世纪中期以来，我国的幼儿教育大多采用灌输式教育。这也是我

---

① 庞晓彤. 陈鹤琴"活教育"理论的历史影响与现实意义 [J]. 西部学刊，2020（13）：119-121.

② 吕峰. 陈鹤琴幼儿园体育教育思想研究① [J]. 当代体育科技，2017（34）：95-96.

国义务教育的主要方式。但是这种方式并不利于幼儿的身心发展，尤其是不适用于幼儿园体育教学。幼儿教师作为体育教学活动的设计者与引导者，应当以幼儿为出发点，给予幼儿以应有的尊重，为他们营造安全、轻松、舒适的活动环境，让幼儿在快乐的活动与游戏中，得到锻炼。并且，陈鹤琴还强调要多给予幼儿自由选择的权利，让他们可以有机会选择自己感兴趣的活动。当幼儿在实践活动中遇到困难时，教师要积极、及时地引导幼儿解决难题。每个幼儿的身体素质、兴趣爱好都各不相同，因此教师在设计体育活动与游戏时，要注意幼儿个体之间的差异性，尽量根据不同幼儿的特点设定适宜的活动与游戏目标。

（三）体育教育活动要以游戏为主

陈鹤琴认为"游戏是儿童的生命"，在幼儿园体育教学中一定要以游戏为主，这一思想观念仍旧适用于今日的幼儿园体育教学。实践证明，多运用游戏开展体育教育活动，对于幼儿的发展是大有裨益的。现代的幼儿园体育教学的活动要以游戏为主，让幼儿在课堂中、在大自然中开展游戏活动，让幼儿在游戏活动中得到锻炼与启发。

综合来看，陈鹤琴的幼儿园体育教育思想中，充分强调了游戏对于幼儿园体育教育的重要意义。这也是本书之所以要开展基于游戏化的幼儿园体育课程研究的理论依据。各个幼儿园在开展幼儿园体育教学的实践时，应当从自身的实际情况出发，尽可能多地运用游戏来开展体育教学活动，合理地安排和选择教学的内容和方式，在保证幼儿天性的前提下，促进幼儿的全方位发展。开展游戏活动中所运用的材料和道具也要尽可能丰富，增加幼儿对游戏活动的兴趣，吸引幼儿自觉、主动地参与到游戏活动当中去。幼儿教师在组织开展游戏活动时，要注意保证每个幼儿都能够参与进来，并且还要尽可能根据幼儿的不同情况对游戏活动进行适当的调整，充分发挥游戏活动的价值。

参考文献

［1］曹占东.中外教育史［M］.海口：南海出版公司，2005.

［2］陈健，吴健峰，王耐.幼儿体育教学设计［M］.北京：冶金工业出版社，2021.

［3］陈少青，林鑫.幼儿体育培训指南［M］.北京：首都师范大学出版社，2021.

［4］戴平，邓雪竹.幼儿园体育活动与体育特色课程研究［M］.北京：北京体育大学出版社，2018.

［5］方荟玲，张文娟.玩耍 幼儿最好的学习课堂［M］.长春：吉林大学出版社，2017.

［6］方学虹，朱海鸣.幼儿园体育游戏活动设计［M］.成都：四川大学出版社，2014.

［7］葛东君.幼儿游戏设计与案例［M］.保定：河北大学出版社.

［8］何淑艳，荣雯，曲波.学前儿童体育教育［M］.南京：东南大学出版社，2018.

［9］黄贵，苏永骏.陈鹤琴和蒙台梭利幼儿体育思想之对比研究［J］.山东体育科技，2013，35（5）：10-14.

［10］黄贵，苏永骏.论陈鹤琴幼儿体育教育理论的现代价值［J］.体育与科学，2012，33（4）：116-120.

［11］黄贵.陈鹤琴的幼儿游戏观［J］.体育学刊，2008（1）：85-87.

［12］《教师公开招聘考试专用教材》编委会.学科专业知识 中学体育2017 移动互联版［M］.北京：教育科学出版社，2016.

[13] 廖俐，石媛 . 幼儿游戏活动指导 [M] 成都：西南交通大学出版社，2019.

[14 刘光仁 . 学前教育学：第 4 版 [M]. 长沙：湖南大学出版社，2016.

[15] 刘万伦，王文秀，甘卫群，等 . 学前儿童发展心理学：第 2 版 [M]. 上海：复旦大学出版社，2019.

[16] 柳阳辉 . 新编学前儿童游戏 [M]. 上海：复旦大学出版社，2017.

[17] 吕峰 . 陈鹤琴幼儿体育教育思想研究 [J]. 当代体育科技，2017，7（34）：95-96.

[18] 人民教育出版社课程教材研究所体育课程教材研究开发中心 . 人类动作发展概论 [M]. 北京：人民教育出版社，2008.

[19] 日本幼儿体育学会 . 幼儿体育指导教程初级：第 6 版 [M]. 北京：北京科学技术出版社，2021.

[20] 荣慧珠 . 学前儿童体育教育 [M]. 西安：西北大学出版社，2017.

[21] 沈雪梅 . 学前儿童心理发展分析与指导 [M]. 上海：复旦大学出版社，2014.

[22] 宋彩珍，张利芳 . 幼儿体育游戏 [M]. 长沙：湖南师范大学出版社，2017.

[23] 宋逸 .3—8 岁儿童体育游戏指导手册 [M]. 北京：北京大学医学出版社有限公司，2021.

[24] 唐迅 . 幼儿体育课程设置的探讨 [D]. 成都：四川大学，2005.

[25] 王春燕，王秀萍，秦元东 . 幼儿园课程论 [M]. 杭州：浙江工商大学出版社，2019.

[26] 王哼 . 幼儿园游戏设计指导书 [M]. 福州：福建教育出版社，2016.

[27] 王世龙 . 幼儿体育游戏创新技法及其实现路径 [M]. 北京：北京工业大学出版社，2020.

[28] 吴海云 . 享受运动 健康成长 幼儿园体育活动探索 [M]. 福州：福建教育出版社，2015.

[29] 武善忠，龙景云 . 中外学前教育史 [M]. 沈阳：东北大学出版社，2015.

[30] 杨美男，郭玮.幼儿园体育活动设计与指导 [M].北京：中国人民大学出版社，2021.

[31] 依丹，曲晓东，鄂永红.幼儿园体育游戏指导 [M].西安：西安电子科技大学出版社，2015.

[32] 张首文，白秋红.幼儿园体育活动设计与指导 微课版 [M].北京：人民邮电出版社，2017.

[33] 张文芳.陈鹤琴体育思想在幼儿园健康领域的应用与思考 [J].儿童与健康 (幼儿教师参考)，2017（5）：15-16.

[34] 赵焕彬，周喆啸.幼儿功能性动作教学理论与实践 [M].北京：人民体育出版社，2018.

[35] 赵丽琼，李方玉，黄文杰，等.幼儿体育 [M].成都：电子科技大学出版社，2017.

[36] 郑艾明，张孟军，米伟娟，等.幼儿园体育活动的理论与方法 [M].北京：北京邮电大学出版社，2016.

[37] 周志俊.略述陈鹤琴的幼儿体育观 [J].体育文史，1991（3）：26-28.

[38] 朱娟娟.体适能视域下大班幼儿体育课程建构研究 [D].武汉：武汉体育学院，2018.

[39] 庄弼.幼儿体育活动大纲 [M].广州：广东高等教育出版社，2016.

[40] 邹慧敏.幼儿园快乐体育活动 [M].福州：福建人民出版社，2017.